新闻学与传播学“十四五”规划教材·案例课程系列

# 数据新闻

方可成　卜书剑 / 著

中国传媒大学出版社
·北京·

# 目 录

# Chapter 1
# 第一章　导　言

- ▶ 数据在新闻中无处不在
- ▶ 什么是数据新闻
- ▶ 数据新闻为何兴起
- ▶ 怎样使用这本书

## 数据在新闻中无处不在

“数据新闻”是一个近年出现并流行的新概念，它的发展得益于“大数据时代”的来临，使我们有了更多的数据和更好的分析工具。在全世界的很多国家，数据新闻方面的项目皆被新闻媒体视为重要的创新领域。

但是，数据在新闻中的存在并不是什么新鲜事。可以说，有新闻的地方就有数据，数据在新闻中无处不在。

在新闻史研究中，“最早的报纸是哪一份”是学者们争论不休的话题。但无论学者们怎样争论，有一点是可以肯定的：无论中外，很大一部分早期报纸是在港口城市出现的，以刊登商船信息为主。“报”（gazette）这个词就来自威尼斯，最初指的是一个威尼斯硬币的价值，也即花一个硬币（gazette）买一份这样的报纸，以获知最近将有哪些商船抵港，它们从何而来，载着何种货物；又有哪些船将要载着什么货物前往哪座城市——这些信息，就是数据。如果让今天的数据新闻记者回到几百年前的威尼斯，想必他们会利用这些信息迅速做出精美的数据可视化产品。

说“数据在新闻中无处不在”，不仅有历史的纵深维度，也有新闻题材的广度。虽然今天越来越多的媒体开始雇佣专门的数据新闻记者，但实际上任何领域、条线的记者都需要跟数据打交道。获取、解读、报道数据的能力是大多数记者必须掌握的技能。

比如，经济新闻的报道中往往需要处理大量数据：GDP增长率、人均年收入、CPI增幅、股市行情等。也许只有极少数经济新闻记者会将自己归类为“数据新闻记者”，但实际上大部分经济新闻记者都在生产着数据新闻作品。只不过，有的作品是对这些数据进行简单汇总报道，有的则是对数据有着更加深入的加工和分析，甚至能够从数据中挖掘出重大的调查报道线索，成为揭黑报道的重要组成部分。

再如，在对世界杯的报道中，自然涉及不少与赛事有关的数据——从最基本的胜负、进球数、进球球员，到复杂的技术统计，都可能存在于新闻作品中。当然，少部分媒体会更进一步，基于这些数据制作出可视化作品，甚至尝试利用这些数据预测最终的比赛胜负，这就属于高阶的数据新闻应用了。

经济和体育是两个天然与数据走得近的领域，但其他新闻同样可以大量应用数据来解答问题。例如，时政新闻的报道中，如今一种较为常见的调查方法是对官员的履历进行数据统计，借此研究他们的升迁轨迹，以折射出政治生态的一个侧面。文化娱乐新闻的报道中，同样可以运用数据，例如用电影投资和票房回报来分析电影市场。甚至，八卦杂志对绯闻明星情史和人物关系的梳理，在一定程度上也可以说是专业的数据新闻作品。

## 数据新闻为何兴起

既然数据在新闻中广泛存在且早已有之，为什么“数据新闻”这个概念直到最近几年才出现呢?

打开Google提供的关键词搜索趋势分析工具Google Trends（http://www.google.com/trends/，这个工具本身就是数据新闻可以采用的数据来源），输入“data journalism”（记得搜索时保留双引号，这样才能保证搜索的是这一个词组，而不是分散的两个词），一条折线图就展现在眼前了，它代表了这个词组的搜索量在这几年的变化。（见图1.1）

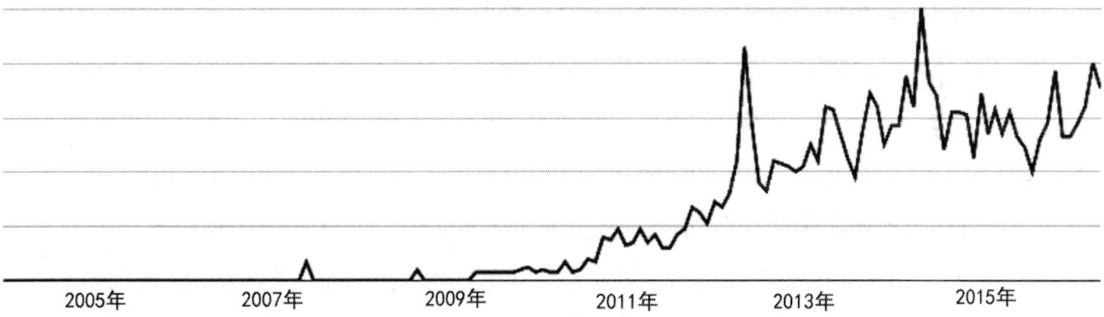


图 1.1 “data journalism” 的Google搜索趋势

从图中可以清晰地看到：2011年之前，“数据新闻”这个词几乎没有受到任何关注，因为它还没有被“创造”出来；自2011年开始，其关注度不断攀升，并于2012年5月和2014年5月出现了两次高峰。

我们再来看另外一个概念的搜索趋势：大数据（big data）。（见图1.2）它与图1.1

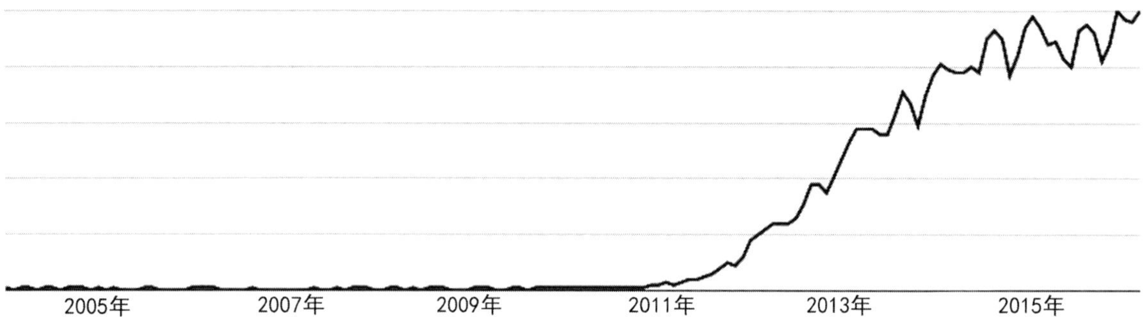


图 1.2 “big data” 的Google搜索趋势

的趋势非常相似：2011年之前几乎没有被搜索过，此后则一路攀升。

这并不是巧合。实际上，数据新闻和大数据兴起的背后，有着同样的推动力量，那就是技术的发展。只有当大规模的数据唾手可得，挖掘、分析这些数据不再是令人望而却步的任务，对这些数据进行可视化的呈现有了便捷的工具时，数据新闻才具备了“起飞”的基础。

长期以来，文字和图片（以照片和漫画插图为主）被认为是新闻的基本元素。就文字而言，传统的新闻采访与写作训练强调的是谋篇布局、遣词造句，是如何多用动词、少用形容词，如何熟练地运用“跳笔”技法，如何写出像《华尔街日报》一样引人入胜的故事式开头。对于数据的获取、分析和表达能力，它很少涉及。即使涉及，它往往也只强调修辞方式，例如一定要为数字配上一个容易理解的形象对比。谈到人口时，一般拿大家熟悉的城市为例，“欧洲某某国的人口不到300万，比不上北京市海淀区的人口数”。这当然都是很好的技巧，但与更全面的数据素养还相距甚远。

为什么传统新闻采写训练中对数据关注甚少？我们当然可以从新闻教育的历史、新闻院系师生的知识结构来寻找原因，但还有最直接的原因不可忽视：此前，记者能够获取的数据很有限，并不需要太复杂的处理技术。而即便有记者想利用手头的有限数据做些分析和可视化，也往往没有很快能够上手的工具。

计算机的出现和普及改变了这一现状。其实，在“数据新闻”这一概念兴起之前，在欧美国家有一个与之相关的概念流行过一阵子：计算机辅助报道。

也许你很难想象，计算机辅助报道早在20世纪50年代就出现了。[①]美国报人、新闻教育家Philip Meyer被称为“计算机辅助报道教父”，早在1967年他在《底特律自由新闻报》（*Detroit Free Press*）工作时，就做过数据新闻报道。当时，底特律发生骚乱，Philip Meyer没有使用传统的文字和图片报道手段，而是设计了一项问卷调查，然后利用一台大型计算机（没错，就是那种大到要占据整个房间，运算能力却远不如现在的手机的巨型机器）进行了数据分析。他发现，大学生参与骚乱的概率其实和高中没毕业的学生参与骚乱的概率是一样的。

后来，Philip Meyer基于他的新闻理念和报道经验，提出了一个颇有影响力的概念：精确新闻。1973年，他出版了一本名为《精确新闻》的书，书中将这种报道定义为：参照社会科学研究方法，主要利用问卷调查和文本分析的手段获取数据，然后进行统计学分析，以期获得一个精确的答案。[②]这个概念体现了数据新闻的最大优势之一：精确。但是，如我们后文将要提及的一样，数据新闻的优势并不止于此，而且，有时候数据新闻反而最不精确。

受到技术条件的限制，Philip Meyer提出的“精确新闻”概念并没有立即流行开来。直到20世纪90年代，计算机技术的发展和互联网的出现，才让计算机辅助报道和精确新闻成为宠儿。然而，好景不长，计算机辅助报道的概念很快又被抛弃。为什么？Philip Meyer给出了答案：我们将要进入21世纪了，还有什么职业是不需要计算机辅助的？[③]

从以上对计算机辅助报道60年发展史的简短回顾中，我们可以看出：技术始终是新闻理念和操作变迁背后的推动力。数据新闻在2011年之后的兴起，正是建立在新一轮技术发展的基础之上的，这些技术包括

**名词解释**

计算机辅助报道（Computer-Assisted Reporting，简称CAR）：指利用计算机收集和分析数据，为记者撰写新闻或制作音视频报道提供帮助。计算机和互联网的出现，改变了记者的工作方式。

**名词解释**

精确新闻（Precision Journalism）：指的是一种调查方法，即参照社会科学研究方法，主要利用问卷调查和文本分析的手段获取数据，然后进行统计学分析，以期获得一个精确的答案。

“准确”是新闻的生命，而精确新闻则强调可以通过新的方法手段，将“准确”进一步上升为“精确”。

---

① 参见COX M. “The development of computer-assisted reporting [C/OL]. [2000-08-12].https://citeseerx.ist.psu.edu/viewdoc/download?doi=10.1.1.631.6220&rep=rep1&type=pdf.

② MEYER P. Precision Journalism [M]. Bloomington, IL: Indiana University Press, 1973.

③ MEYER P. The future of CAR: declare victory and get out!. [C] //PAUL N. When nerds and words collide: reflections on the development of computer assisted reporting. St. Petersburg, FL: Poynter Institute, 1999: 4-5.

社交媒体的普及，数据挖掘和分析技术的提升，数据可视化工具的大量涌现等。

当然，技术无法决定一切。任何新闻形式的具体发展还受当时的历史社会条件影响，并需要Philip Meyer这样的人物不懈推动。在眼下这波数据新闻热潮中，社会条件集中体现在一些欧美国家对“开放政府”（open government）的推动上，这使得越来越多数据可以公开获取。而具体人物方面，以原《纽约时报》数据专栏作家、FiveThirtyEight的创始人Nate Silver为代表的数据新闻推动者，也是功不可没的。

名词解释

数据新闻（Data Journalism）：以对数据进行收集、分析和展示为基础操作方法的新闻。

## 什么是数据新闻

回顾了简史、了解了发展背景之后，我们可以对数据新闻下一个简单的定义。在这里，我们参照并发展了得克萨斯大学奥斯汀分校新闻学院教授Mark Coddington的论述[①]，将数据新闻定义为：以对数据进行收集、分析和展示为基础操作方法的新闻。

在这里，数据在大部分情况下指的是定量的、可以结构化的数据。所以，历年GDP增幅、美国总统大选候选人得票率趋势都是数据，但一篇小说、十则政府工作报告本身并不是数据。然而，如果我们对小说中人物的出场次数和彼此互动关系做一个统计，或者对政府工作报告中经常出现的词进行整理，那么我们就获得了数据。

图1.3展示的就是一则从电影中获取数据进行分析的例子。剑桥大学研究者Evelina Gabasova利用电影《星球大战》（前6部）的脚本进行了人物关系的分析，提取出每一次的人物互动，经过数据分析，制作了这样一张网络关系图。这虽然不是传统意义上的新闻选题，但其操作手法是一个典型的从没有数字的数据中获取量化数据的案例。[②]

---

① 参见CODDINGTON M. Clarifying journalism's quantitative turn: a typology for evaluating data journalism, computational journalism, and computer-assisted reporting [J]. Digital Journalism 3, 2005 (3): 331-348.

② 详情参见http://evelinag.com/blog/2015/12-15-star-wars-social-network/.

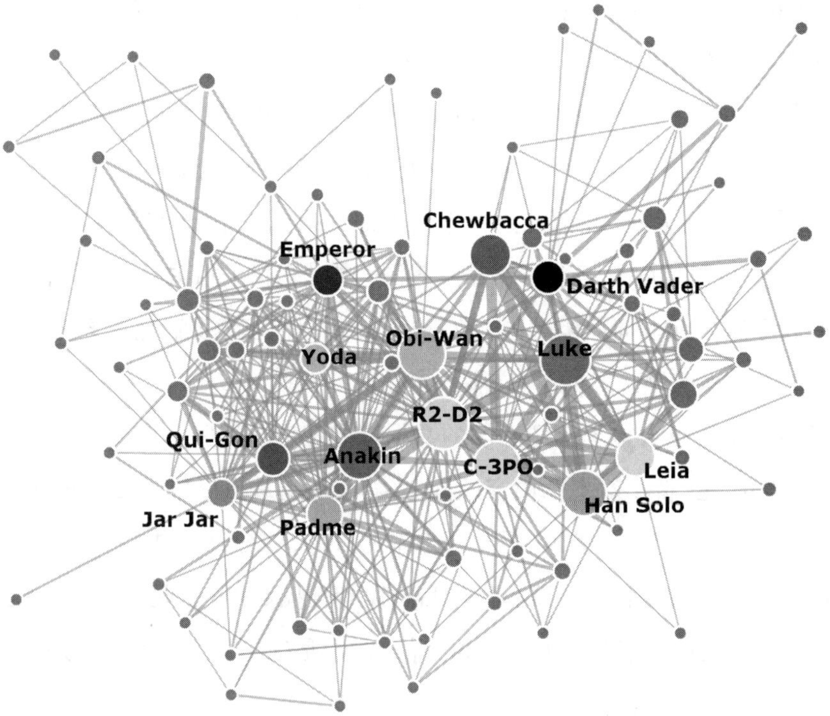


图 1.3 Evelina Gabasova制作的电影《星球大战》（前6部）人物关系图

从对数据新闻的定义中还可以看出，“展示”这一步骤是不可或缺的。而由于数据自身的特性，用纯文字表达往往令人费解、容易出错，因此可视化往往是数据新闻作品的展示方式。本书中，我们呈献给大家的案例，也大多是以可视化的形态展示出来的。但我们希望读者重点关注：可视化只是数据新闻的最后一个步骤，任何优秀的可视化作品都是建立在极为耗费精力的数据收集和分析工作基础之上的。将作为数据新闻最后一个步骤的数据可视化等同于数据新闻本身，是一个常见的巨大误区。

> **名词解释**
>
> 数据可视化（Data Visualization）：指将数据以图形化的方式进行直观展示。数据可视化可以将抽象、复杂的数据进行直观呈现，使人更容易理解。数据可视化是数据新闻的最后一个步骤，并不能等同于数据新闻本身。

## 怎样使用这本书

在导言的最后一节中，我们将简要介绍这本书的结构，以便诸位读者可以更好地使用它。

第二章将是一个概览式的章节，为我们进入具体的案例做好准备。这种准备包括理论上的——我们将简要介绍数据新闻记者需要具备的基本数据素养和统计学常识，也包括实践上的——我们将纵览数据新闻作品的制作流程，让读者了解后续章节中具体案例的背景知识。

从第三章到第十一章，是本书的主体部分。我们将分领域介绍数据新闻案例，每一章都精选近几年来某一领域的经典作品，对它们进行介绍、分析和点评。客观上数据新闻在欧美国家更为发达，因此这些案例大部分来自国外，但我们也收集了一些国内媒体的作品。我们附上了这些作品的截图，同时提供了相关链接，供有兴趣的读者查看。由于案例众多而篇幅有限，为了让读者尽可能多地了解优秀案例，我们还列出了一些补充案例的链接并做了一句话介绍。

除了提供案例，我们还会穿插介绍著名的数据新闻记者，并对一些名词术语进行介绍。在每一章的结尾，除了对本章内容进行总结，我们还重点提供了四个方面的内容：一是介绍在数据新闻生产方面占据重要地位的媒体；二是尽可能提供相关领域的数据来源列表，以便希望自己尝试制作作品的读者查找数据；三是提供一些延伸阅读材料，方便有兴趣的读者进一步了解相关信息；四是提出了一些问题，为大家回顾该章节内容提供线索，激活大家的思维，它们并没有标准答案。

需要注意的是，这并不是一本教你怎么使用网页抓取、进行数据分析和数据可视化相关软件的教材。数据新闻记者常用的工具有很多，从不需要编程的Excel、Tableau、Datawrapper之类的分析可视软件，到Python、Javascript、R等编程软件，再到Illustrator、Sketch这样的设计软件，甚至最新的机器学习、云计算平台等，都是数据新闻记者们的囊中利器。学习这些软件需要参考专门的教材——当然，最好的学习方式是多做练习。

熟练使用工具至关重要，但要想做出优秀的数据新闻作品，更重要的或许是眼界和思路。本书提供了大量案例，正是希望读者可以借此开阔眼界、活跃思路。

大数据时代的到来，给新闻业带来了新的可能性。可供记者收集、处理、使用的数据越来越多，容易上手的工具也越来越多，这既是福音——因为数据是挖掘真相的一把钥匙，也是浓缩和展现信息的一件利器；又是挑战——如果我们不能恰当地使用这些数据，就很可能事倍功半、陷入迷途。因此，在最后一章中，我们对数据新闻进行了反思，这是一些对于数据、事实、真相的哲学思考。这些思考有助于我们更好地认识数据新闻、理解数据新闻、生产数据新闻。

那么，让我们开始吧！

## 延伸阅读

1.全球视野下的“数据新闻”：理念与实践

http: //jour.cssn.cn/xwcbx/xwcbx_gcsy/201511/W020151125350868448783.pdf

2.数据新闻：“讲一个好故事”？——数据新闻对传统新闻的继承与变革

http: //www.zjujournals.com/soc/CN/article/downloadArticleFile.do?attachType=PDF&id=11208

3.第一箱干货：数据新闻入门

https: //mp.weixin.qq.com/s? __biz=MjM5MDk5MzY3Nw==&mid=202574562&idx=1&sn=487992246a7c18b25e6a85340b46eb93

4.信息图大爆炸——两会报道观察

http: //fangkc.cn/2013/04/infographic/

## 思考题

1. 为什么说数据在新闻中无处不在？请试着在你最近读过的新闻中寻找数据。

2. 如何理解“精确新闻”中的“精确”？是不是其他形式的新闻都不精确？

3. “数据新闻”和“数据可视化”这两个概念有何区别？

# Chapter 2
# 第二章　做好准备：数据素养和数据新闻流程概览

- ▶ 数据素养：五项原则
- ▶ 常用图表类型简介
- ▶ 数据新闻流程概览

你有没有想过，和米其林星级厨师一起外出用餐会怎么样？当你还停留在评价菜的味道对不对自己的胃口、摆盘是不是适合拍照发到朋友圈的时候，他已经很快判断出这道菜的原料是否新鲜、使用了多少种来自哪里的调味品、用的是哪种烹调技术、火候是多了几分还是少了几分、营养搭配是否科学、花了多长时间，甚至能品尝出厨师的心情如何……

当一则数据新闻作品摆在眼前时，一个成熟的数据新闻记者能够像米其林星级厨师一样，迅速看出作者使用了哪些数据来源、有没有遗漏、对数据的分析处理是否存在漏洞、用了哪些可视化工具、使用的图表类型和配色方案是否得当、花了多长时间……

这种内行的眼光不仅需要千百次的实践和练习，还要有理论基础。在本章中，我们将着重介绍这些理论基础，为读者学习后续章节中的案例做好准备。

> **名词解释**
>
> 数据素养（Data Literacy）：以恰当、准确的方式理解、获取和使用数据的能力。具备数据素养的人，可以从恰当的渠道找到所需要的数据，对数据进行恰当的分析处理和呈现，并识别出数据中存在的问题，不会被刻意扭曲的数据呈现方式所欺骗。

## 数据素养：五项原则

这不是一本统计学教材，我们不会详细讲解数据背后的统计学原理，但理解这些原理对于学习数据新闻是非常重要的。我们建议所有有志于从事新闻媒体工作的学生至少选修一门统计学课程——实际上，北京大学新闻与传播学院就一直将“普通统计学”作为全院必修课程。

在这里，有一些指导性的原则，现一一列出，以便不同背景的读者都能快速上手，并在实际操作中运用。本节内容参考了在美国哥伦比亚大学开设“计算新闻学”课程的数据新闻“大牛”Jonathan Stray的相关论述。

原则1：数据来源永远是最重要的

没有信源的新闻报道，和小说没什么区别——读者根本没有办法判断这些内容是记者自己编造的，还是实地采访得来的。同样，没有明确数据来源的数据新闻作品，也会让人疑窦丛生：你说今年全国房价上涨了10%，这到底是统计局发布的数字，还是房地产公司做的统计呢？又或者是记者自己的估算？

国内一些媒体在将数据可视化时，不能很好地标注数据来源，使得作品的价值大打折扣。有的媒体制作的信息图甚至完全没有"数据来源"这一栏，这样的作品肯定是不及格的。有的作品虽然标明了数据来源，但非常笼统，例如"参考资料：综合新华社等媒体报道"，或是"数据来源：国家统计局"，这样也是不够的。规范的做法应当是，详细记录哪家媒体具体在哪一天发布的哪一篇报道，或是国家统计局在何年何月发布的哪一项统计报告里面的数据，而且最好能够给出链接地址。

除了在作品中详细公开数据来源，数据新闻记者还应具备甄别、判断数据来源的能力。

按照Jonathan Stray的说法，数据从来都不是"从天而降"的，而是由专门的机构、人员或者机器出于特定的目的收集而来的。虽然收集数据的人都宣称自己是客观准确的，但其实他们受到各类经济或政治利益的影响。例如，如果房地产商希望渲染楼市火爆的气氛，以激发消费者的购买欲望，发布的房价数据会尽可能多地来自那些房子供不应求的城市。如果不加辨别地接受和使用这些数据，很可能会偏离真相。Jonathan Stray说，记者应该学会"采访数据"，具体来说，他建议大家考虑如下问题：

- 这些数字是哪里来的？
- 谁记录了这些数字？
- 怎么记录的？
- 他们出于什么目的收集这些数据？
- 我们怎么才能够知道数据是完整的？
- 这些数据来自怎样的样本？
- 用定量的方法解决这个问题是正确的吗？
- 这些数据中不包括什么？
- 这些数据的结果会对谁不利？
- 数据是原始的，还是经过统计加工的？
- 为了生成这些数据，需要做出哪些主观的决定？
- 这些数据与其他来源的数据相符吗？有谁分析过这些数据？

- 数据有已知的缺陷吗？有多个版本吗？

原则2：对数据的分析和解读要小心谨慎，并公开透明

在经常做数据分析的研究者中流传着一句话："如果你对数据严刑拷打，那么它会告诉你任何你想要的东西。"

这句话的意思是，在拿到数据之后，你可以有各种方法来分析和解读它。只要你肯用心，就可以用同一份数据分析解读出各种完全不同的信息。比如，同样一份经济数据，既可以用来说明去年的经济增速大大下滑，经济形势阴云密布，又可以用来说明经济依然保持高增长，站在世界前列。同样一份矿产资源数据，既可以用来说明中国地大物博，又可以用来说明中国人均资源拥有量很低——区别仅仅在于有没有将资源总量除以人口数量。被不少网民吐槽的"被平均"也是一例：如果有99个人的年收入是1万元，1个人的年收入是1000万元，那么这100个人的人均年收入就是大约11万元，这种掩盖贫富差距的分析解读方式就是对数据的操弄。

正因为数据容易被操弄，所以在分析和解读过程中需要格外小心，并且尽量做到对分析过程的公开透明——如果有可能，请向读者披露你获取和分析数据的具体过程。如果你在介绍居民收入水平的时候不小心忽略了贫富差距，这就是你的失误；如果你有意掩盖贫富差距的数据，选择性地呈现事实，就是违反职业伦理。

原则3：识别那些偶然发生的现象

统计学中的一个基础词汇是"统计显著性"（statistical significance）。通俗来说，"不显著"的结论很可能是偶然发生的随机事件，而"显著"的结论则很可能是规律性的现象。

举个例子，你正和乒乓球世界冠军一决高下，你们开始打第一个球时，很可能由于一些偶然的因素，比如世界冠军刚拿到一个新球拍还没适应，或是突然刮来一阵风干扰了球的走向，导致你赢了一个球。这时你是否就能骄傲地宣布，你比世界冠军的球技还高？显然不能。多打几个回合，你就会败下阵来。因为偶然因素可能作用于一两个球，却不能左右比赛结果。

我们需要注意的，就是不要让自己被一些偶然现象所迷惑，误以为它们是长期规律。要能识别出统计学上"显著"的现象，一般而言需要更大的样本量（也就相当于在乒乓球比赛中打更多的回合）和更明显的差距（一局11∶1的赢球比11∶9的赢

球更能让人判断两位选手的水平差距）。当然，这种显著性要通过一些统计方法进行检验，在此不再展开，请感兴趣的读者查阅统计学入门书籍。

原则4：不要混淆相关性和因果关系

很多数据之间都能发现相关性：更高的人一般也更重，更富有的国家人均寿命一般也更长。但是，因果关系却不是那么好建立的。

一个经典的案例是：冰激凌的销量和溺水事件发生的次数是正相关的。也就是说，冰激凌卖得越好，溺水的人越多。但这并不意味着冰激凌的售卖导致更多人的溺水。其实，它们都是由同一个因素“气温”导致的——天气越热，冰激凌就卖得越好，游泳的人就越多，溺水的人也就越多。

Jonathan Stray以枪支拥有量和杀人案数量为例，对相关性和因果关系进行了分析。假设我们发现：持枪率更高的国家，枪支杀人案件也更多。那么，可能的原因至少包括以下几种：

- 因为拥有枪支的人多，所以杀人案也变得更多（人们有了枪就会用它们杀人）；
- 因为杀人案多，所以更多人拥有枪（在不安全的地方住，会买枪自卫）；
- 其他某种可以同时导致杀人案与拥有枪支的原因（可能是贫困）；
- 这只是巧合（用上文提到的统计检验来排除这个可能性）。

在这种情况下，除非你能够排除其他可能性，否则应该慎言因果关系。

一个判断因果关系的重要方法是利用时间上的先后顺序。例如，一座城市颁布严格的枪支管理条例之后，杀人案数量变少。在这样的情况下，我们可以更有信心地判断：很有可能是枪支管理导致了杀人案变少。但是，要想做出绝对的判断，还需要排除同一时间段内的其他可能因素——比如，是不是正好在条例颁布之后，城市的经济迎来了一波快速发展，导致杀人案件减少？

**名词解释**

相关性（Correlation）：两个变量的值之间存在关联。这种关联可能是正向的（同时增长或同时减少），也可能是负向的（一个增长，一个减少）。

因果关系（Causal Relation）：一个变量的值发生变化，会导致另一个变量的值发生变化。这种变化可以是正向的，也可以是负向的。

总之，建立因果关系的难度是非常大的，在断言“因为……所以……”的时候一定要谨慎再谨慎。

原则5：不要随意将结论推而广之

将“特殊案例”和“普遍现象”区别开来，是人人都明白的，但是在实际的新闻操作中，却经常被人忽略。一个简单易操作的原则是：有几分证据说几分话。如果你手头只有一个城市的数据，就不要试图用它来说明一个省份的情况；如果你手头只有一个家庭的数据，就不要试图用它来总结一个城市的特点。

Jonathan Stray建议数据新闻记者仔细考虑这样几个问题：

· 我说明或暗示自己的结论可以推而广之了吗?

· 如果是，我怎么知道它们可以推广?

· 读者有可能认为我的结果可以推而广之吗?

· 如果是，我怎么能够确定读者已准确地理解了呢?

特别需要注意的是，某些被冠以“大数据”的作品也常常会以偏概全。例如，倘若我们在微博上收集用户对某一事件的评论，希望从中总结出“民意”，可能会收集到几十万、几百万条微博，但它们真的能代表普遍的“民意”吗? 并不能，因为能上网、有微博账号、会在微博上发言的人，本身就是一个特殊的人群：更年轻、受教育程度更高、经济状况更好、更有可能在大城市生活。他们的意见并不能推广至全体中国人。

以上五条原则仅是记者的数据素养中的一部分，远未能涵盖所有。随着大数据收集和分析技术的发展，数据素养也需要与时俱进，适应新的潮流。我们建议新闻记者和统计学界建立起良好的关系，并多多关注相关网站，例如专门向记者讲解统计学知识的博客“Sense about Statistics”（http：//www.stats.org/blog/）。

## 数据新闻流程概览

“数据新闻=80%的汗水+10%的创意+10%的包装。”

这是英国《卫报》数据新闻项目编辑Simon Rogers总结出的公式。[①]这个公式或

① 详情参见http://www.theguardian.com/news/datablog/2011/jul/28/data-journalism.

许会颠覆一些人的认知——在很多人看来，数据新闻最重要的是有一个好看的可视化效果，或者有一个好的想法。这些当然都很重要，但是真正在制作过程中，最重要的、需要花费最多时间和精力的，是非常细微、枯燥的数据收集和处理工作。

从大体流程上看，数据新闻的操作和其他类别新闻产品的操作是类似的：先讨论和确定选题，然后采访和收集资料，之后写作、编辑、校对、出版。所不同的是，数据新闻的“采访”和“写作”是围绕着数据进行的。具体而言，有以下几个步骤。

数据收集

数据的来源是多种多样的，至少包括：

· 政府、企业、调查公司、研究机构等发布的公开数据库，这些数据库是经过处理和封装的，只需进行简单的加工就可以使用。数据新闻记者应该熟悉常见的数据库及其发布者。
· 从网站上“扒”下来的数据。例如，NBA的网站上会发布每一场比赛的技术统计数据，但这些数据并不是封装好的Excel或其他格式的数据文件。这时就需要用到一些“扒”网页（web scraping）的工具对存在于网页上的数据进行收集和整理。
· 从社交媒体上“扒”下来的数据。最典型的案例是利用微博和Twitter的API获取用户的发言内容和基本资料。
· 自主进行问卷调查或统计分析。
· 从文字记者的报道项目中获取数据。从事文字调查报道的记者，往往会获取很多数字，但他们最终用在报道中的只是其中一小部分。
· 向政府申请信息公开。
· ……

> **名词解释**
> 应用程序编程接口（Application Programming Interface，简称API）：指计算机操作系统或程序库提供给应用程序调用使用的代码。包括Twitter、微博在内的社交媒体通过API提供数据给有需要的个人或机构使用。

数据清理

在绝大多数情况下，收集的数据并不是直接就可以用的，而是要经过一些清理。例如，删除不需要的列，统一数字格式和度量标准，对缺失的数据进行补充，等等。数据清理工作往往需要使用到Excel、R、

Python、Ruby等软件。

数据分析

虽然数据新闻最终呈现出的信息是简洁明晰的，但数据分析的过程往往是纷繁杂乱、令人“抓狂”的。你往往有很多变量可以选择，有很多分析方式可以采用，有很多种结果可以用不同方式呈现，这时你需要的是结合选题方向，在众多“线头”中理清楚最关键的线索，做最恰当而简洁的分析处理。

数据分析中的另一个重要步骤是检查。一个小数点、一个运算符号的差别，就可以导致完全不同的结果。不仅自己要反复检查，最好再请同事来检查一遍，让他们分析一遍数据，看能否得出同样的结果。

数据可视化

最后，选择合适的可视化策略（图表类型、配色方案、页面布局等），用合适的软件工具，将分析的结果呈现给读者。虽然形式经常比内容更吸引眼球，但形式是服务于内容的。这可能是在可视化过程中最重要的原则了。

在本书接下来的章节中，我们将会结合具体的案例，着重介绍数据收集和可视化这两个部分的方法和资源。数据清理和数据分析则更加技术化，不少媒体都聘用了专职的计算机或统计学专业的员工来从事这方面的工作。

## 常用图表类型简介

在本章的最后一部分，我们列举常见的几种图表类型。它们会在之后的章节中不断出现，我们在这里先简要介绍它们所适合呈现的数据类型和最佳的使用场合。

图表类型名目繁多，最好的梳理和记忆方式是根据其用途进行分类。

对比数据

在对比数据时，最常用的方式是柱状图。饼图也可以用来进行对比，但需要特别小心的是：一个半径为2的饼，面积是一个半径为1的饼的4倍，而不是2倍。所以，如果用一个半径为1的饼表示100，那么一个半径为2的饼代表的数量应该是400，而不是200。

如果要同时比较多个变量，可以使用雷达图。（见图2.1）

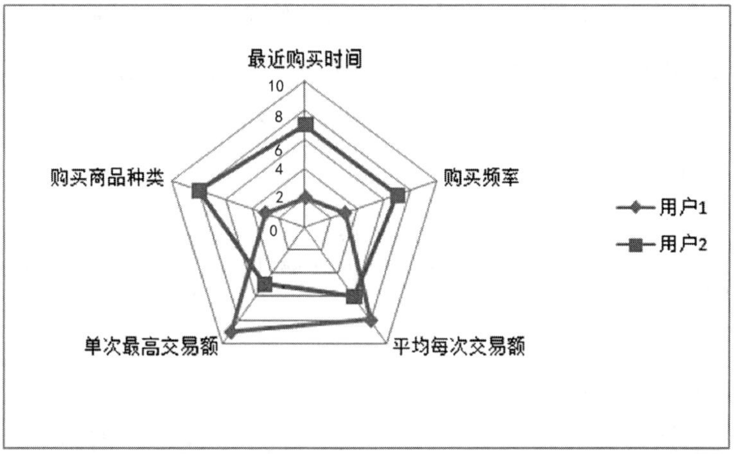


图 2.1　雷达图

展现数据分布情况

展现数据在一个维度上的分布情况，可以使用直方图（histogram）。如果涉及两个维度上的分布情况，可以用散点图（scatter plot）。这两种都是比较常见的图表类型。

展现历时变化

柱状图或折线图可以用来展现历时变化。需要注意的是，柱状图上面的“柱子”一般需要从坐标轴的0开始，而折线图的y坐标轴则不需要从0开始。

折线图有各类变体，如流线图。下面这幅就是展现各音乐类型在不同年代流行程度的流线图。（见图2.2）[①]

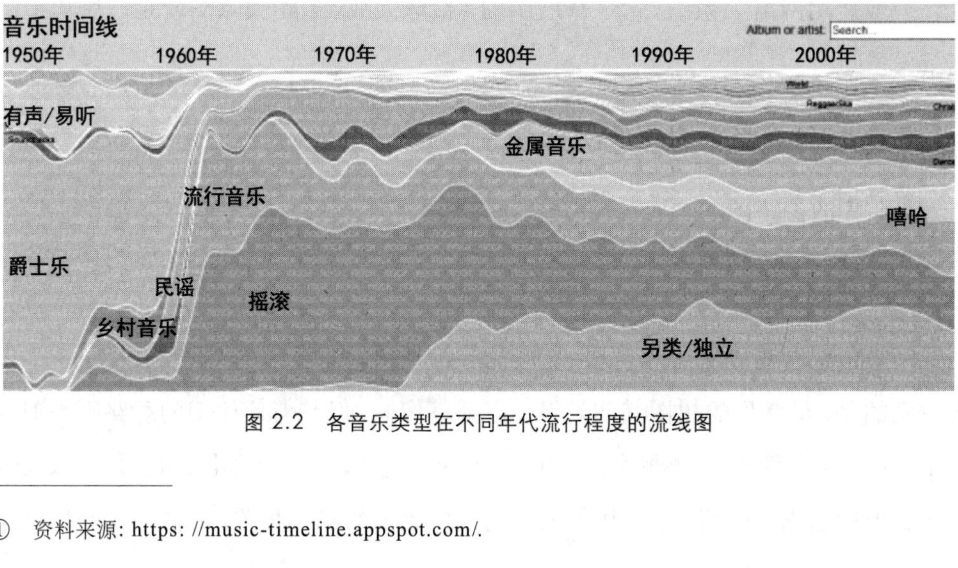


图 2.2　各音乐类型在不同年代流行程度的流线图

① 资料来源：https://music-timeline.appspot.com/.

此外，还有一种特殊的展示历时变化的图表经常被人提起：南丁格尔玫瑰图。它的发明者是著名的护士南丁格尔（国际护士节就是因她而设立的），她记录了几个月来不同疾病的致死情况，每个月由一个扇形表示，视觉上具有相当大的吸引力和冲击力。（见图2.3）

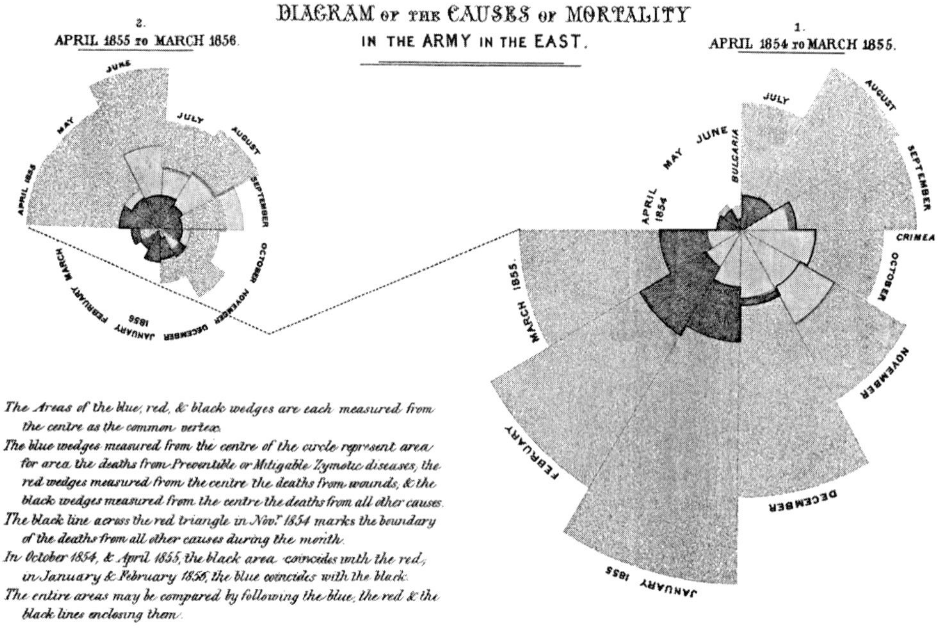


图 2.3 南丁格尔玫瑰图

展现关系

一般使用网络关系图。第一章展示的《星球大战》人物关系图就是一张典型的网络关系图。

展现比例

最常用的是饼图。

展现等级结构

简单的结构可以用饼图表示，复杂的等级结构则需要用到树图（tree map）。需要注意的是，最常见的树图其实长得一点都不像树，但其背后体现的思路则类似树的结构：从根部到尖端，不断分叉，由一根根枝丫组成整体。例如图2.4就是一张展现世界主要国家人口的树图，方块的大小与人口数量的多少相关，而颜色则与国民总收入相关（颜色越深，收入越高）。

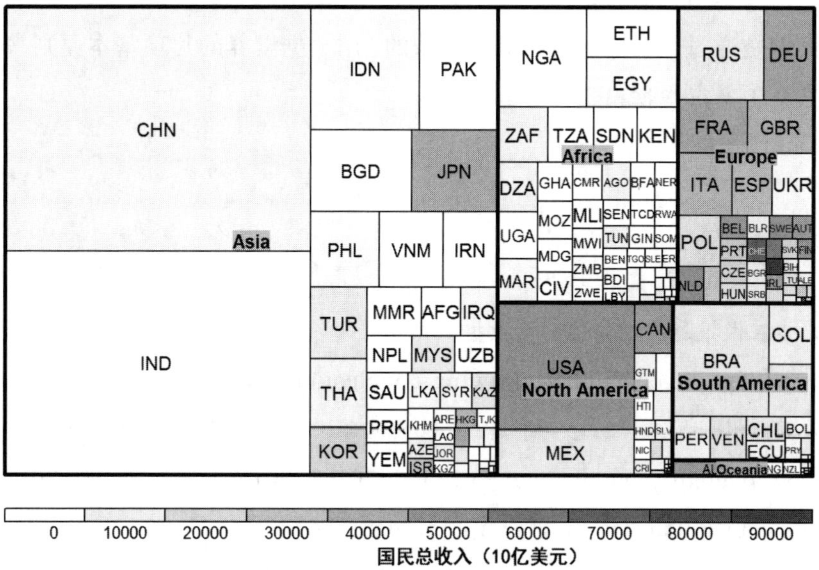


图 2.4 世界主要国家人口的树图

文字可视化

最常见的方法是制作文字云（word cloud），例如图2.5 “大数据” 文字云图，展现了和大数据相关的关键词。文字云中关键词的大小可以和它的出现频率相关，也可以无关，因此在可视化时最好能够明确说明关键词的大小是随机生成的，还是根据某种原则生成的。

图 2.5 “大数据” 文字云图

在以下章节中，我们将从数据新闻作品案例中看到各类图表类型的实际应用，大家可以擦亮眼睛，留意这些作品使用了哪些类型的图表。当然，也别忘了思考：这些作品案例是通过什么样的流程制作出来的？用数据素养的几项基本原则来考虑，这些作品是否经得起推敲？

## 延伸阅读

1.记者在做报道时应如何解读数据

https: //fangkc.cn/2014/01/drawing-conclusions-from-data/

2.中国数据新闻工作坊培训手册：获取数据

https: //web.archive.org/web/20170604201627/http: //djchina.org/2015/09/02/china-data-journalism-training-scrapping-data

3.中国数据新闻工作坊培训手册：数据可靠性和数据清理

https: //web.archive.org/web/20170425122037/http: //djchina.org/2015/09/02/china-data-journalism-training-credibility-clean/

4.中国数据新闻工作坊培训手册：因果关系

https: //web.archive.org/web/20170529050122/http: //djchina.org/2015/09/02/china-data-journalism-training-causation/

5.The Quartz 坏数据手册

https: //web.archive.org/web/20170627153730/http: //djchina.org/2016/07/12/bad_data_guide/

6.数据会说谎

https: //web.archive.org/web/20170627214658/http: //djchina.org/2014/08/11/data_lie/

7.美国媒体如何找数据

https: //web.archive.org/web/20161115074418/http: //djchina.org/2014/09/30/how-to-find-data/

8.常用图表类型

http: //www.jianshu.com/p/df696bf12205

9.数据可视化：基本图表与高级图表

http: //www.cnurbanstudies.org/2016/03/28/data-visualization/

## 思考题

1. 任意寻找三则数据新闻作品，看它们是否交代了数据来源，交代得是否详细？

2. 你能举一个日常生活中的例子来说明“相关性不等于因果关系”吗？

3. 第一章提到的Google搜索趋势数据，属于本章介绍的数据来源中的哪一种？

4. 寻找一则数据可视化作品，看它使用了哪种图表类型。图表类型的选择是否恰当？你是否能说出一种替代性的图表类型？

# Chapter 3

# 第三章　商业金融

- ▶ 用气泡图展现科技企业的大小与沉浮
- ▶ 用花名册展现亿万富翁资料
- ▶ 用色块展现股市行情
- ▶ 用三维曲面图谈论经济话题
- ▶ 用细胞结构展现地铁数量
- ▶ 其他案例
- ▶ 用桑基图解释獐子岛的财务造假秘密
- ▶ 媒体档案

2014年9月19日，来自中国的互联网公司阿里巴巴集团在纽约证券交易所敲响了开市钟。此次首次公开募股（Initial Public Offerings，简称IPO）吸引了全世界的目光：它的融资额达到250.3亿美元，刷新了全球IPO融资规模的纪录。以上市当日的收盘价93.89美元计算，股票代码为BABA的阿里巴巴市值达到2314亿美元，成为仅次于Google的全球第二大互联网公司。

上面这段话，是非常标准的消息稿。它提供了几个关键数字，并解释了其意义——“刷新IPO纪录”“全球第二”“仅次于Google”。然而，对于非专业读者而言，这些叙述依然只能构建一些非常模糊的印象：几百几千亿美元——的确非常巨大，但是听上去这两个数字的震撼力跟几亿几千万美元似乎也差不了太多，总之就是“土豪”罢了；仅次于Google——的确很牛，但是次了多少，又比排在后面的公司强了多少，在整个互联网企业界处于怎样的位置？依然不清楚。

这就是文字在传递信息上的劣势——不直观，太抽象，很啰唆。这种劣势在经济、金融类新闻上表现得尤为明显。此类新闻经常涉及大量数字，历来由于过于抽象和专业，难以吸引普通受众，也难以被他们理解。而编辑记者也往往为此头疼不已：这些数字难写、难编，好不容易写好了、编好了，读者却不一定买账。

不过，随着数据新闻的发展，经济、金融类新闻所特有的大量数据反而成为可发掘的素材宝库——一方面，通过可视化将数字具象化，让财经新闻更加可知可感，不仅增强了可读性，更促进了影响力，成为近年各大媒体的常用手段；另一方面，一些具有实用价值的理财、分析工具也相继被推出，并广受好评。

## 用气泡图展现科技企业的大小与沉浮

案例名：《Facebook上市——与其他公司比比看》（“The Facebook Offering: How It Compares”）

媒　体：《纽约时报》（2012年5月17日）

作　者：Jeremy Ashkenas、Matthew Bloch、Shan Carter、Amanda Cox

让我们从“互联网企业IPO”这个话题出发，分析经济、金融类数据可视化作品案例。阿里巴巴上市前，《华尔街日报》制作了一个信息图页面“阿里巴巴是什么”，其中包含了多项关键的数据图示：中国电子商务市场规模、阿里巴巴的市场份额、阿里巴巴和其他科技企业的市值对比、阿里巴巴的股权结构、几大互联网公司IPO规模等。这个页面结构清晰、图示简明，能够让不了解阿里巴巴的读者迅速掌握关键事实。（见图3.1）

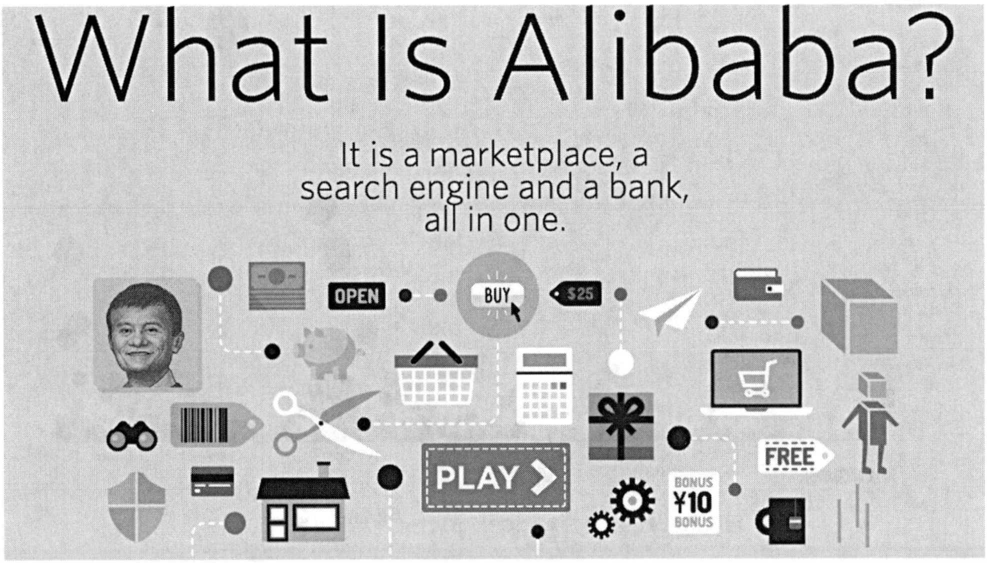


图3.1　《华尔街日报》“阿里巴巴是什么”（局部）

不过，这个信息图页面也有着明显的弱点：网页被拉得非常长，所提供的信息量依然有限。这是静态的表现方式本身的局限性所决定的。相较而言，《纽约时报》在2012年Facebook 上市时推出的动态信息图作品信息量更大，也更“耐玩”。

作为在全球科技界举足轻重的大腕，Facebook 上市时引得全球媒体争相报道。直至今天，其股价的跌跌涨涨也一直令人津津乐道。科技公司上市早已司空见惯，可是Facebook总是话题性十足，《纽约时报》的作品要解决的核心问题是：相比其他科技公司，Facebook的上市规模到底是多大呢？

这幅可视化作品由五张动态气泡图组成，气泡代表公司的招股规模或公司股票的涨跌。五幅图之间可以通过上方的翻页按钮很方便地进行切换。它们将Facebook的IPO与1980年以来的2400家科技公司进行对比，回顾了过去几十年科技公司的发展，帮助读者理解Facebook IPO的规模和前景。

第一幅图就让人非常直观地看到了Google的傲人优势（见图3.2）。不过，当读者点击下一页就会看到，在硕大的Facebook面前，代表Google 的气泡也只不过是个“小巫”罢了（见图3.3）。翻页之间的动画效果，戏剧性地展现了二者的对比，胜过千言万语。

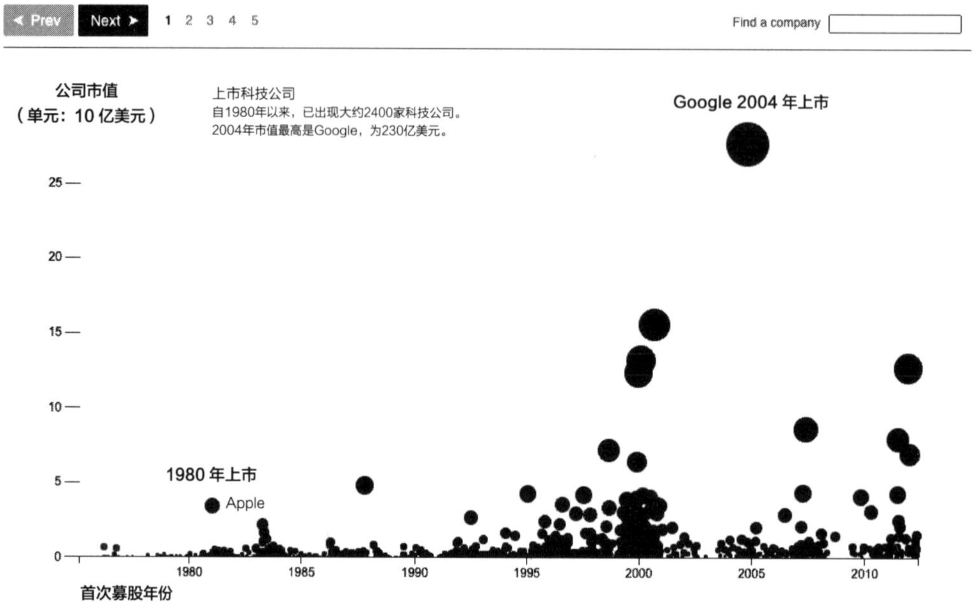


图3.2　《纽约时报》Facebook上市气泡图（第1页）

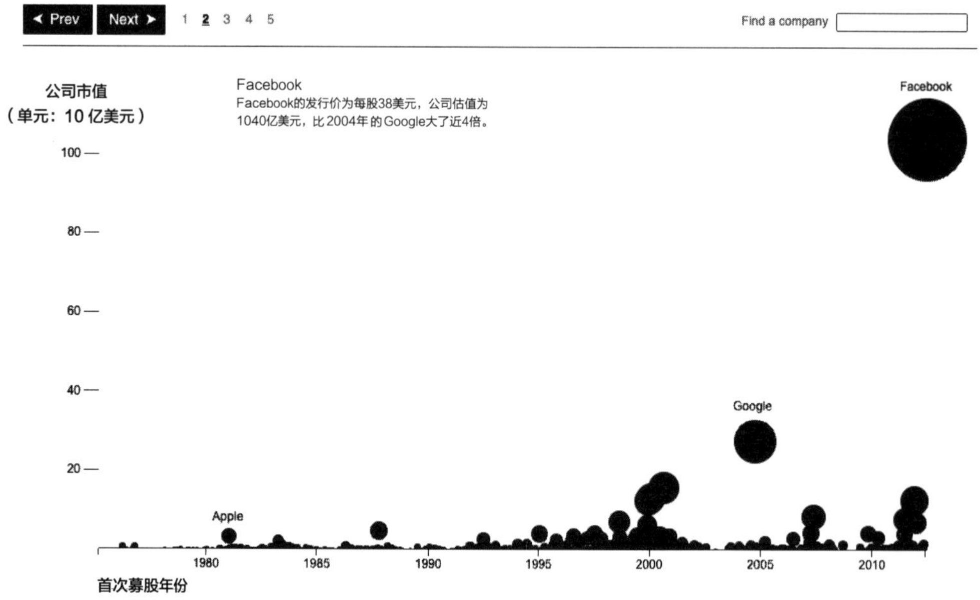


图3.3　《纽约时报》Facebook上市气泡图（第2页）

在前两张图中，气泡的大小都直接对应着各公司IPO时的市值多少，用稍微专业一点的语言来说，气泡面积和市值数目之间是线性关系。在可视化图片中，线性表达最常见的问题就是无法看清小值范围内的各点——大气泡和小气泡面积相差悬殊，小气泡经常聚集在一起，无法分辨。因此，在这一作品的第三幅图中（见图3.4），编辑们对数据进行了取对数的处理，这样就可以缩小大小气泡之间的面积差距而不改变其相对排名，方便读者看清各家公司。从直观上来看，当读者从第二幅图切换到第三幅图时，可以看到趴在横轴上的大量小气泡纷纷升起来了，原本挤在一起的小气泡基本上变得可以分辨，不再是你中有我、我中有你的混乱状态。

**名词解释**

对数（logarithm，简称log）：如果a的x次方等于N（a>0，且a不等于1），那么数x叫作以a为底N的对数。取对数可以让过于悬殊的数据变得接近。

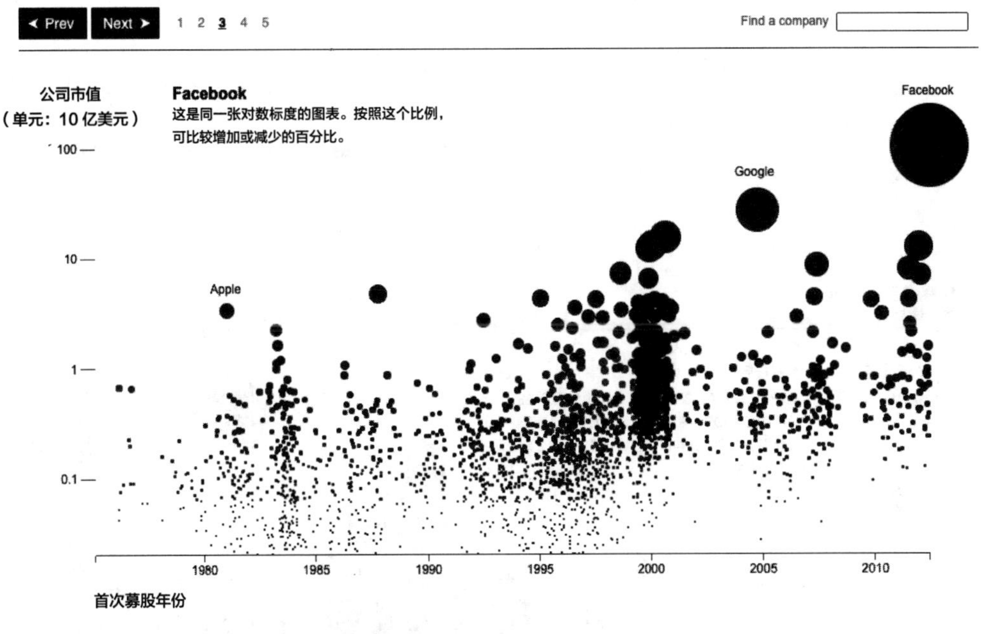


图3.4 《纽约时报》Facebook上市气泡图（第3页）

第四幅图和第五幅图分别展示了各公司上市首日的股票涨跌情况和上市三年后的市值变化情况，最有趣的场景依然是在切换时发生的——从第三幅图切换至第四幅图时，读者可以看到不少气泡发生了明显的跃升，这表明它们在上市首日股价大涨（见图3.5）；而从第四幅图切换到第五幅图时，读者可以看到这2400个气泡发生了明显的分化——有一些明显上升，但也有很多出现了下降（见图3.6）。旁边所配的简短文字告诉读者：有2/3的科技企业在上市三年后表现萎靡，市值下降。

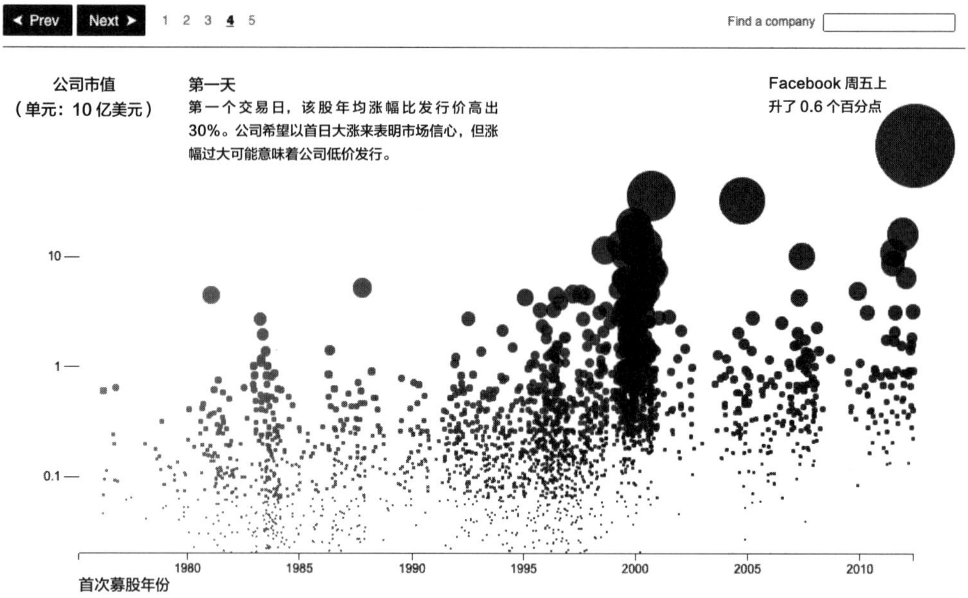


图3.5 《纽约时报》Facebook上市气泡图（第4页）

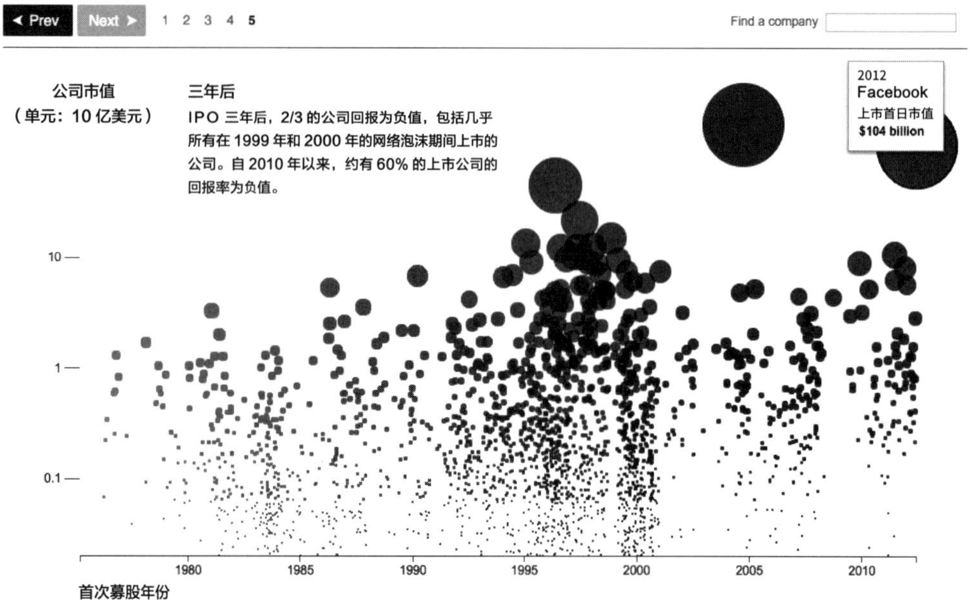


图3.6 《纽约时报》Facebook上市气泡图（第5页）

这一作品还提供了搜索功能。为了方便读者定位某家特定公司，在搜索栏中进行搜索后，代表该公司的圆球亮度会相应提高，且标明该公司具体数据的信息框会弹出。

数据新闻专家Kevin Quealy[①]在他的个人博客chartsnthings中分析了这个可视化作品从想法到实现的全过程。记者最初用R对数据进行初步的整理挖掘，并画出简单的泡泡图帮助理解规律，团队后来又尝试了柱状图、面积图、时间序列、泡泡聚合图等多种可视化原型（见附录：图Ⅲ-1-1、图Ⅲ-1-2）。不要小看这些粗糙的原型设计，对大多数设计来说，拥有十几二十个备选方案极为常见，尝试过不同的方案才知道哪些是最适合的呈现方式。

值得一提的是，《纽约时报》在报纸和网站上采用了不同的设计，以适应读者不同的阅读习惯。在网站上，这幅动态信息图采用了如今越来越多媒体都在采用的响应式设计。[②]

响应式设计的佼佼者有2013年被《时代》杂志评为年度50个网站之一的Narrative.ly，它一反传统媒体尽量将文章篇幅克制在2000字以下的常态，每周给读者呈现长篇的、深度的新闻作品。该网站全部采用了响应式加Parallax设计，给读者一种全新的、流畅的阅读体验。随意拖动网页，网站的内容都会相应地适配屏幕尺寸。

2013年10月，美国国家公共广播电台搬入新办公室，也重新设计了它的网站，其清爽简洁的风格让人眼前一亮，响应式的设计方案摆脱了传统新闻网站的呆滞感，在Twitter上引来赞誉声一片。随着越来越多的读者转战线上和移动端，各家媒体也都或多或少地重新设计了网站，以适应新的互联网挑战。

**名词解释**

响应式设计（Responsive Design）：时下非常流行的一种网页设计方法，可使得同一网站在多种浏览设备（计算机、平板、手机等）上阅读和导航，同时减少缩放、平移和滚动。波士顿的设计师 Ethan Marcotte是这个概念的发明者。

---

① Kevin Quealy，数据新闻记者，纽约大学客座讲师，个人网站http: //kpq.github.io/， 他的博客chartsnthings经常记录《纽约时报》数据可视化项目，从最初如何开始构思，到制作过程中的技巧，chartsnthings给许多数据新闻人带来极大的帮助。

② Mashable网站在文章“Why 2013 Is the Year of Responsive Web Design”中讨论了RWD流行的几个原因。主要是后PC时代平板用户和移动用户的增多激励了各家新闻网站的革新。有不少前端开发者在经典的网格系统（如960Grid）基础上设计了响应式的系统，比较常见的有Unsementic CSS Framework、996 Grid等。除了在原有的基础上改建，有很多新的系统也因此火了起来，其中最有名的有 Skeleton、HTML5 Boilerplate、Bootstrap和Semantic-UI。

类似的用气泡来对比公司大小，并用其升降来展现股价沉浮的案例还有不少。财新网的《风雨中概股》也是从《纽约时报》的Facebook IPO作品中获得启发，采用数据可视化的方法探讨网秦再遭浑水做空事件（https://special.caixin.com/2013/zgg/）。故事回顾了自1992年以来中国概念股赴美谋求上市的历史，并聚焦于2006年之后的两波上市狂潮以及2011年后上市通道紧缩的现状。（见图3.7）

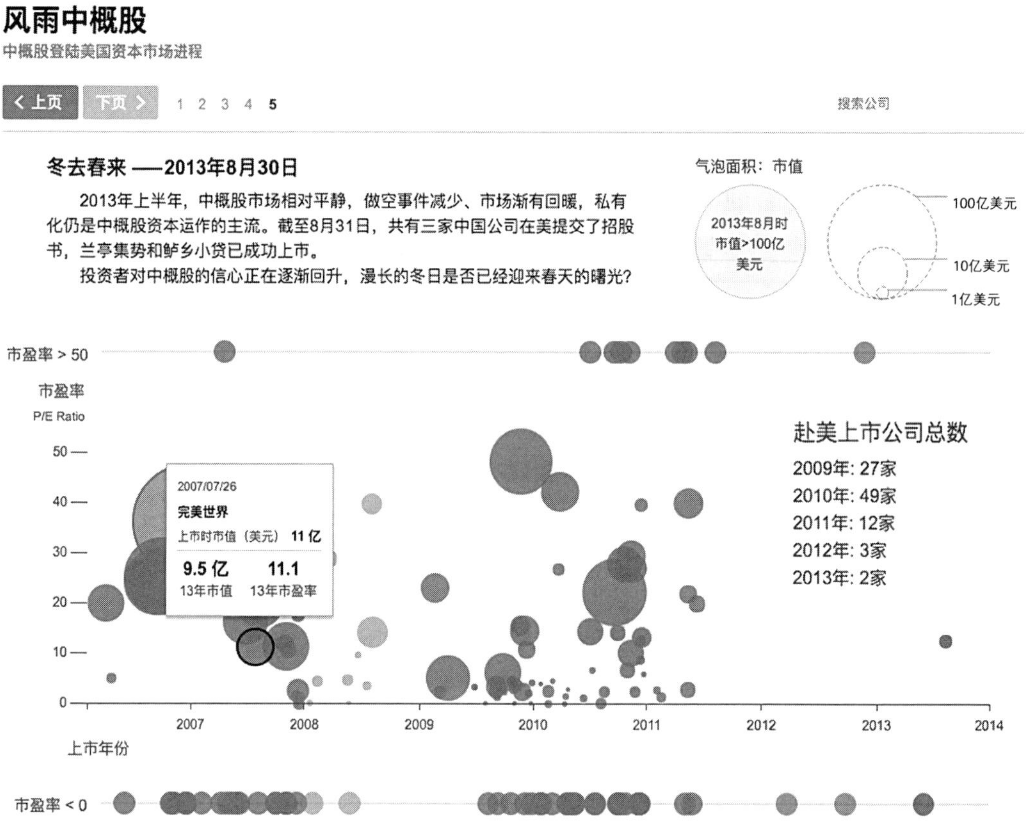


图3.7 财新网中国概念股赴美上市气泡图

用气泡图来实现数据可视化其实很常见，比如《纽约时报》2012年作品“Four Ways to Slice Obama’s 2013 Budget Proposal”，用四种不同方式对气泡进行排版布局，将奥巴马2013年财政支出的议案可视化，读者可以一眼看出各个部门的预计财政支出和幅度变化（见图3.8）。《卫报》也做过2010—2011年的英国政府财政计划气泡图（见图3.9）。

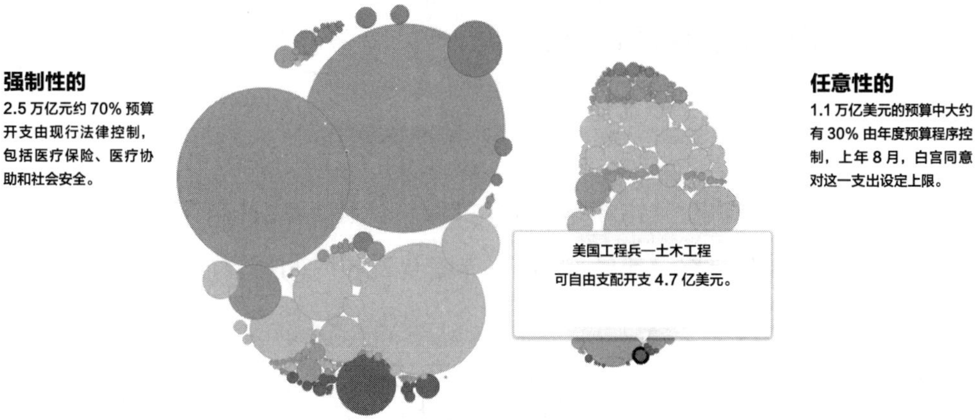


图3.8 《纽约时报》的2013年奥巴马政府财政计划气泡图

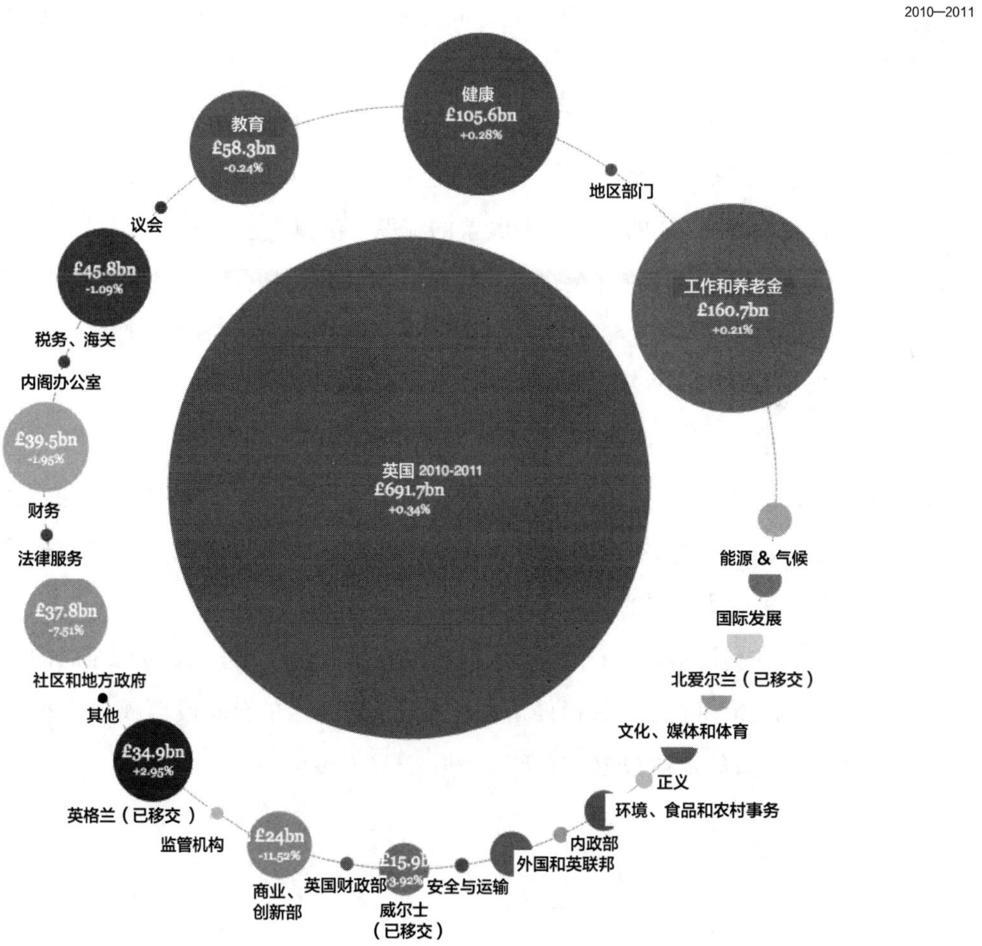


图3.9 《卫报》2010—2011年的英国政府财政计划气泡图

## 用色块展现股市行情

案例名:《市场地图》(“Map of the Market”)
媒　体:《市场观察》(作者及发表时间不详)

在经济、金融类可视化作品中,除了气泡之外,另一种常见的元素就是色块,而对色块运用的经典作品则是由专业媒体《市场观察》(*Market Watch*)早在1998年就推出的作品《市场地图》(“Map of the Market”)。它用一幅交互树图将每日的股票行情可视化,是一个提供股票市场全局信息的标志性应用。

**名词解释**

树图(Tree Map):展现从属关系的图表类型。最常用的矩形树图是通过色块的方式表现大小比例和从属关系。也有人称之为热力图(Heat Map)。

树图其实长得并不像一棵树,而是采用矩形色块做成的拼图或七巧板。在《市场地图》中,每个小色块代表一只股票,色块的大小代表公司市值,色块的颜色代表股票的涨跌。在颜色选择上,编辑只取了两种——红和绿,符合大众对一般股票涨跌的认知,不会显得杂乱;涨幅程度则用色彩的深浅表明,打开树图就可以大概了解当天全盘股票的走势,一目了然。

股票按产业分类,大块有医疗健康、消费、科技、石油天然气、电信、金融等行业。当鼠标在色块上停留时,公司和股票的具体信息就会弹出,点击时会有更详细的股票曲线图,进一步打开链接时用户会被带到每家上市公司的主页。

在树图的右侧,有一列实时新闻在每天更新,每条新闻除了时间、标题还有标签,当鼠标停留在标签上时,相应的公司股票模块会被高亮,相关的媒体报道会被实时抓取。(图3.10)

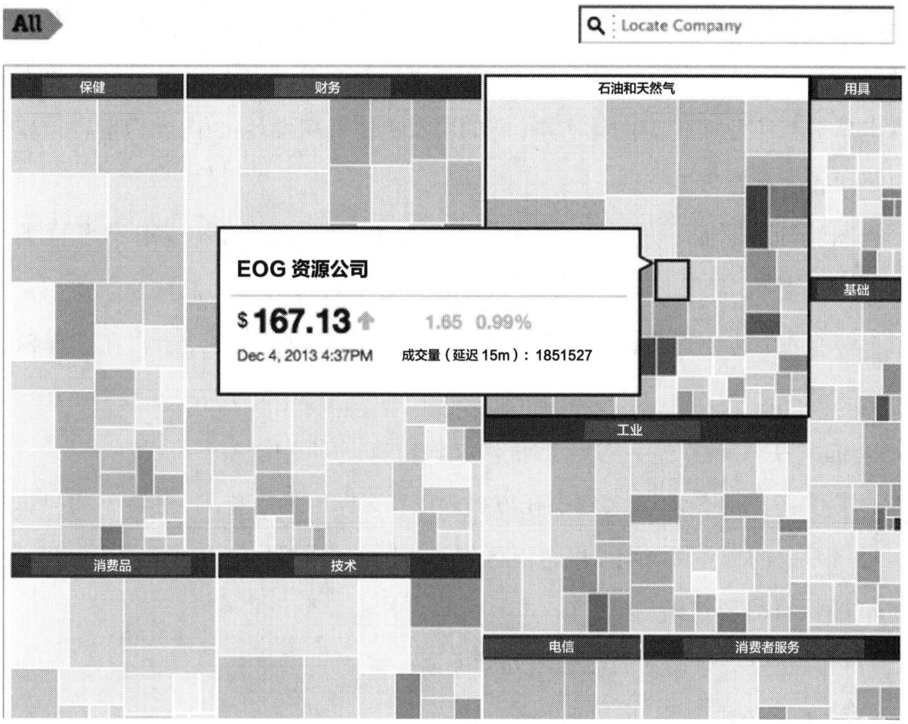


图3.10 《市场地图》（局部）

《华尔街日报》制作的《美国失业率历史》（“U.S. Unemployment: A Historical View”）也是采用了这种可视化方法，作者之一是美国哥伦比亚大学新闻学院助理教授Susan McGregor。[①]横坐标为年份，纵坐标为月份。（见图3.11）

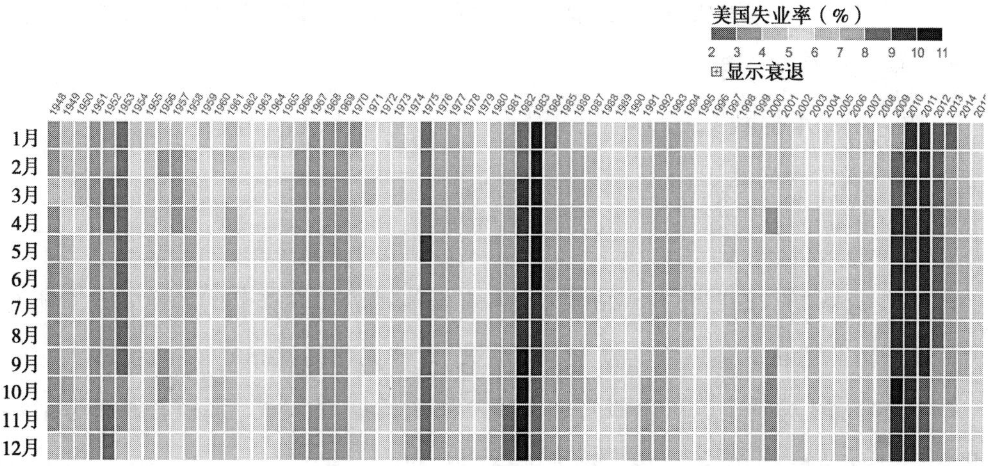


图3.11 美国失业率历史

① Susan McGregor，哥伦比亚大学新闻学院Tow新媒体中心副教授，在《华尔街日报》的数据新闻组工作过三年，曾获2012—2013年年度斯坦福大学和哥伦比亚大学合作的布朗（Brown）媒体创新项目奖金，用于项目Dispatch，旨在为新闻记者提供安全的通信服务。个人网站：http: //susanemcgregor.com/.

制作《市场地图》的媒体《市场观察》与《华尔街日报》同属于默多克新闻集团，它主要覆盖股票市场并提供相关财经新闻。这则将实用与设计结合的数据新闻经典作品拥有广泛而稳定的读者群，它的普及也使得树图/热力图成为金融领域最常见的一种展示数据方式。

树图流行的原因一方面是可以显示全局信息，另一方面是可以比较相同类别的模块。不过，在用面积大小来反映一列数值的变化时，小方块、算法复杂等因素导致树图不够直观，这让许多信息可视化设计师对树图持保留意见，所以在选择树图时需要注意几点：

1）选对直观的颜色与深浅，能正确反映出数据的变化；

2）需要考虑好模块从大到小在方格内以什么样的顺序排列，并调整相应算法；

3）图片上的标签要清晰，颜色能区别于树图的主色调；

4）图例符号要清晰易懂；

5）可以建立一个简易的搜索或互动元素；

6）隐藏不必要细节，可用于展开。

## 用细胞结构展现地铁数量

案例名：《探究中国百年轨道交通发展——从时速600公里高速磁浮交通系统入手》

媒　体：光明网（2021年7月28日）

作　者：李汶键

在信息图制作渐趋流行和成熟后，各家媒体都希望在作品的表现方式上能有所突破，因此各种其他领域的概念、模型、设计被大量借鉴。

在树图的基础上，设计师们创造了一种新的展现方式，那就是“细胞结构图”，其内部的一个个色块像生物细胞结构一样。

获得2021年中国数据内容大赛“最佳移动信息设计”铜奖的作品——光明网出品的《探究中国百年轨道交通发展——从时速600公里高速磁浮交通系统入手》当中的一个部分就使用了这样的细胞图，展现了中国大陆地区地铁运营条数。（见图3.12）

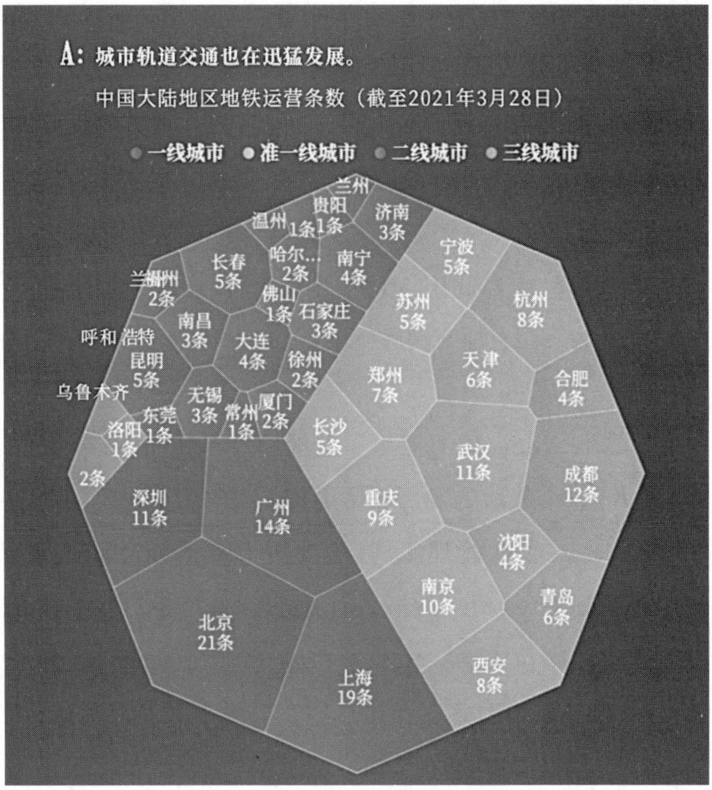


图3.12 中国大陆地区地铁运营条数

图3.12中的一个个“细胞结构”代表各个城市的地铁运营条数。颜色则代表不同类型的城市：红色是一线城市（北京等），黄色是准一线城市（长沙等），蓝色是二线城市（济南等），绿色是三线城市（洛阳等）。从细胞的大小不难看出：中国的地铁集中在一线和准一线城市，其中又以北京和上海为运营线路最多的城市。

当然，我们也能很快发现：像洛阳这样的三线城市也有地铁线路，这可能超出了很多人的想象（实际上，在2021年底，洛阳又开通了地铁二号线）。

这种类型的结构被称为冯罗诺树图（Voronoi tree map），是树图的一种衍生版本，比树图的呆板结构更生动一些。冯罗诺树图并不一定比方方正正的传统树图更有表现力，但是在数据新闻刚刚兴起之时，这种新颖的呈现方式让人眼前一亮，谁会想到可以把生物界的图形借鉴到新闻中呢？许多媒体也推出了类似的作品。比如，2015年，香港英文媒体《南华早报》也用这种细胞结构图做过一个世界各地语言的信息图，解读了50亿人口讲的23种主要语言，以及这些语言分布的主要国家。由于该图尺寸较大，本书不易呈现，感兴趣的朋友可以在网络搜索“A world of languages”自行查看。

光明网的《探究中国百年轨道交通发展——从时速600公里高速磁浮交通系统入手》采用的是较为传统的“长图”形式，其优势是适配性强，可以在各种设备上打开，同时图片很方便保存和在社交媒体上传播。不过，长图的劣势在于缺乏交互。

如今，为了支持更好的交互，大部分主流媒体的数据新闻设计都采用了HTML5。虽然在HTML5刚刚推出时，许多功能都不够完善，效率不够高，作为一门直译式的脚本语言，JavaScript在效率上仍有许多弱点，但目前已经成熟。

**名词解释**

HTML5：HTML语言（Hyper Text Markup Language）是网页的代码语言标准，HTML5则是对该标准的第五次修订，其主要目标是能够更好地被人类和机器阅读，并且更好地支持各种媒体嵌入，适配各类平台。

同时，Node.JS的推出和发展给予了JavaScript编写前后端代码的能力，这个领域的发展非常迅速。NPM（node package manager）是 Node.JS 的包管理工具，主要用于Node.JS代码打包、分享，2014年7月在其平台（https://www.npmjs.com/）上打包的数量就已经超过8万次，超越了CPAN、Maven Central、NuGet等，成为最大的模块仓库。许多新闻编辑室正在用这些工具发掘数据背后的故事，也创作了很多优质的作品。

## 用桑基图解释獐子岛的财务造假秘密

案例名：《獐子岛：扇贝黑洞》

媒　体：澎湃新闻（2019年12月17日）

作　者：蒋馨尔、王亚赛、杜海燕、孔家兴、吕妍、韩声江、李跃群

2019年11月，农业类上市公司獐子岛发公告称：该公司正常情况下一亩产20到30公斤的扇贝，经测算，目前亩产不到2公斤，暴减超过90%。这家公司此前就曾发布过“扇贝跑了”“扇贝饿死了”这样的消息，因此这次的减产通告再度引发股民热议。

澎湃新闻出品的交互式数据新闻作品《獐子岛：扇贝黑洞》，形象地展现了獐子岛可能存在的财务造假问题。该作品就是使用HTML5制作完成的，主要适配手机小屏幕观看，有很好的交互效果。该作品获

得了2020年中国数据内容大赛“最佳数据内容”提名奖。

打开该作品后，读者首先会看到以折线图展示的獐子岛股价过山车。由于小屏幕不适合展示宽度过大的内容，编辑将图进行了90度的翻转，以竖幅的方式展现。在读者向下滑动页面的过程中，还会出现关键时间节点的提示，方便大家理解该公司的发展时间线。（见图3.13）

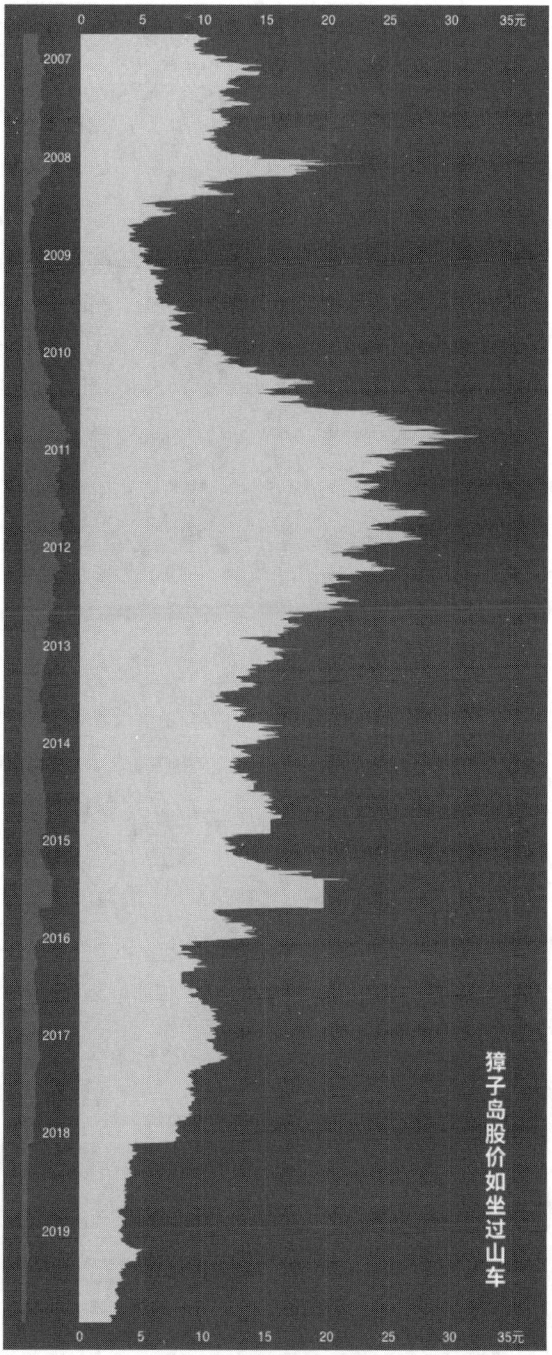


图3.13 獐子岛股价过山车

名词解释

桑基图(Sankey Diagram):也称桑基能量分流图、桑基能量平衡图。它是一种特定类型的流程图,图中延伸的分支的宽度对应数据流量的大小。因1898年Matthew Henry Phineas Riall Sankey绘制的“蒸汽机的能源效率图”而闻名,此后这类图便被命名为“桑基图”。桑基图最明显的特征是,始末端的分支宽度总和相等,所有主支宽度的总和应与所有分出去的分支宽度的总和相等,保持总量的平衡。

而该作品的主体部分“扇贝去哪了”则形象地揭示了公司财务报表当中的秘密。该部分以桑基图的形式呈现,上方是“底播面积”,也就是在2012—2016年每年播种的扇贝面积;而下方则是“账面面积”,即这些扇贝成熟之后去了哪里。中间的曲线流动则表明从播种到收获的过程。(见图3.14)

图3.14 用桑基图展示獐子岛财务报表中的秘密

例如，2015年的“采捕”，有一部分来自2012年的底播，一部分来自2013年的底播，这是因为扇贝需要两三年才能成熟。那么，从2012—2016年播下的大约300万亩扇贝，最后有多少成熟了、被收获了呢？

这幅桑基图显示，2017年的时候，獐子岛公司虽然采捕了部分2013—2015年播种的扇贝，总计61万亩，但更大的一部分扇贝（107.2万亩）在该年被列入了“核销”类别。根据该作品内的文字说明，“核销”的意思基本等于绝收，即该公司放弃收获这些海域里的扇贝，因为经过测算，采捕成本会大于收入。此外，还有24.3万亩进了“减值”，也就是这些海域的扇贝因为消瘦或者死亡，卖不到先前账上记录的那么多钱，所以要通过减值的方式调整账面上的记录。

该作品中说：破绽就隐藏在这些采捕、核销、减值面积中。因为，将这些播种下去的扇贝最终的去向进行分门别类的追踪，就能揭示出每年的财务报表中是否有违规操作。桑基图无疑最适合展现这种从一端到另一端归类的过程了。

在许多其他数据新闻项目中，也经常能见到桑基图或其衍生图的可视化形式。桑基图最早用于呈现蒸汽机的能源效率，另一个有名的例子是Charles Minard的“拿破仑东征图”（Charles Minard's Map of Napoleon's Russian Campaign of 1812），可以看到去往俄罗斯的路上将士的伤亡人数以及气温的变化。桑基图对于展示类别间的相关性很有帮助，尤其是能很形象地呈现特定类别的流动趋势。

## 用花名册展现亿万富翁资料

案例名：《彭博社亿万富翁》（Bloomberg Billionaires）

媒　体：彭博社（2012年3月11日）

作　者：Christopher Cannon、Dean Halford、Brittany Harris、Julian Burgess

这则名为《彭博社亿万富翁》的作品列出了全球前200位富豪的排名和相关信息，每日即时更新他们的资产状况，允许用户以不同的方式进行交互并且查询相关新闻报道。它在2013年的“Information Is Beautiful”① 评比中获得金奖。

从设计上看，这则作品采用了富豪们的素描头像，好像一本花名册。读者可以按照四种方式去把玩——探索式、排名式、坐标式和地图式。另外有一行菜单可以将人物按照行业、国籍、性别、年龄等进行分类。当鼠标停留在某个头像上时，相应的资产信息和彭博报道会在提示框中弹出。当点击标题下的新闻时，关于这些富豪的新闻会以时间轴的方式显示出来。（见图3.15）

图3.15 彭博社亿万富翁·今日富豪排行榜

2013年，作品新加入了地图功能和图表功能，前者让富豪的地区分布一目了然；后者使读者可以跟踪富豪净资产（net worth）的变化和排名位置的变动，并了解富豪的总资产排名与其行业、家庭、私人资产、公共资产、现金资产之间的关系。每种可视效果之间的切换都非常流畅，读者可以看到人物脸部的位置自然且快速地移动。整幅作品的主色调为黑白灰，只有财产数字的增减以红、绿两色标明。

① Information Is Beautiful奖由英国数据新闻记者David McCandless与Kantar市场研究集团创意总监Aziz Kami于2012年设立，旨在宣扬和奖励优秀的数据可视化、信息图和其他信息艺术作品。该奖所有入围作品分为10个大类，由公众和社区评选出获取者，每年年底在伦敦颁奖。官方网站：http://www.informationisbeautifulawards.com.

David McCandless是英国的数据新闻记者和信息设计师。Information Is Beautiful是他发起的视觉博客。他的著作*Visual Miscellaneum*（2009）和*Knowledge Is Beautiful*（2014）在美国出版以来受到很多关注。他在2010年TED的演讲“The beauty of Data Visualization”使不少人对数据可视化有了初步的了解。他从一个电子游戏杂志记者做起，多年来坚持写书、自学编程，现在已成为一个数据新闻记者兼概念作家、创意总监、网络编辑以及喜剧作家。参见Twitter：https://twitter.com/mccandelish.

在每位富豪的个人信息页面，有综述（Overview）、实时新闻（News）、才智（Intelligence）等版块，是一个系统的个人小百科。图3.16为亚马逊CEO杰夫·贝索斯（Jeff Bezo）个人信息页面。总体来看，这件作品整合了庞大的数据库和资料库，不单单是一个可视化作品，更是一个优秀的数据新闻产品。

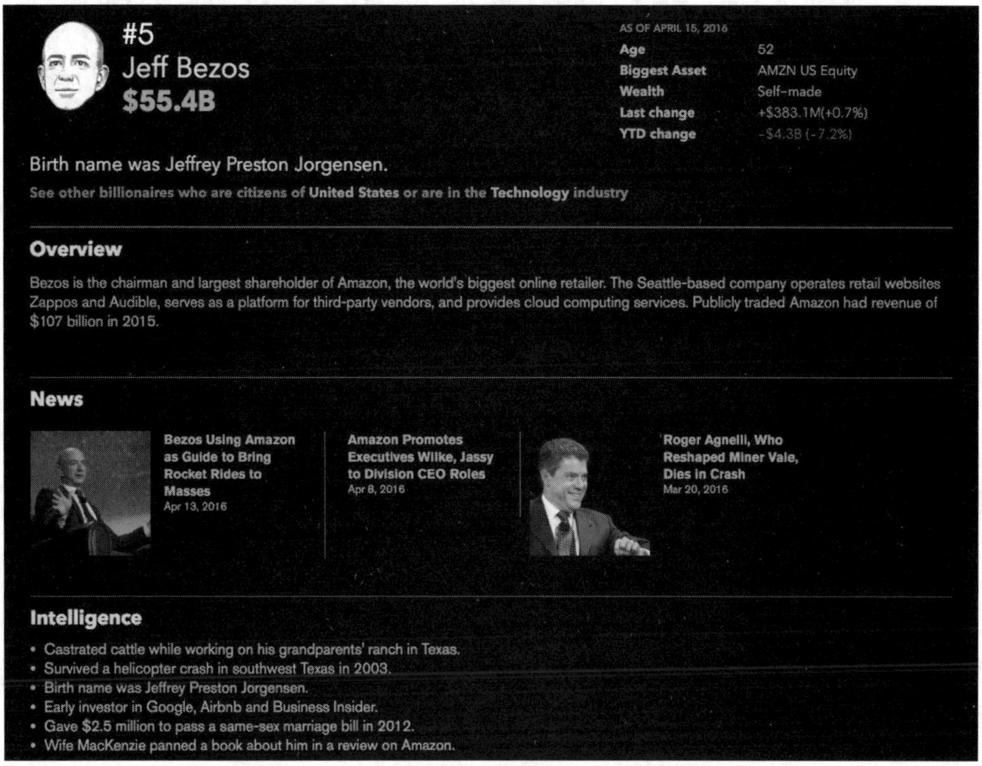


图3.16　亿万富翁杰夫·贝索斯个人信息页面

这个作品由彭博社交互数据产品（Bloomberg Visual Data）团队制作。彭博社作为老牌财经媒体，在数据新闻方面起步较晚，但近年来奋起直追，其强大的技术背景、金融数据库、新闻实力都不容小觑。

花名册是一种常见的数据新闻作品展现方式，含有大量人物、事件、公司数据，它可以和地图坐标系、二维坐标系或者网状图相结合。但有复杂网络关系的作品不一定适合用这种方式呈现。致力于调查报道和数据新闻的非营利性网络媒体ProPublica在2012年也发表了一则很好的花名册作品，用来展示国会议员对于禁止网络盗版法案（SOPA Opera）的立场。点击每一个人物的头像都可以看到该议员的详细信息，如其所属党派（Party）、议院（Chamber）、排列方式（Sort by）以及资助来源（Follow the Money）等，是一则很好的数据新闻作品（见图3.17）。

图3.17 ProPublica花名册作品SOPA Opera

## 用三维曲面图谈论经济话题

案例名：《预测经济未来的三维图表：收益率曲线图》（“A 3D View of a Chart that Predicts the Economic Future: the Yield Curve”）

媒 体：《纽约时报》（2015年3月18日）

作 者：Gregor Aisch、Amanda Cox

在金融术语中，收益率曲线常用来描述一组货币和信贷风险均相同但期限不同的债券或其他金融产品的收益情况。《纽约时报》的这幅收益率曲线描述的是联邦政府国债在过去20多年中的收益情况，展示长期和短期利率之间的关系。国债在市场上自由交易时，收益率曲线是衡量金融市场中其他债务的基准，也常常用于预测经济产量和增长的变化。

作品的第一幅图有该术语的介绍（见图3.18），第二幅切回平面图，小注解中说明，在2015年3月，短期利率和长期利率都低于历史值，说明市场还未完全从2008年的金融危机中复苏，平滑的曲线也表明投资者对未来几年的经济增长基本看平。第三幅图中标注了2008年金融危机后联邦政府为了刺激经济将短期利率调整为几乎为零的坐标点。第四幅图中标注了美国政府在2004年到2006年遇到的“经济难题”——两年中美联储一直在提高短期利率，然而长期利率却一直未增长（图3.19）。这一难题也让美国媒体和大众质疑美联储指导经济走向的能力。

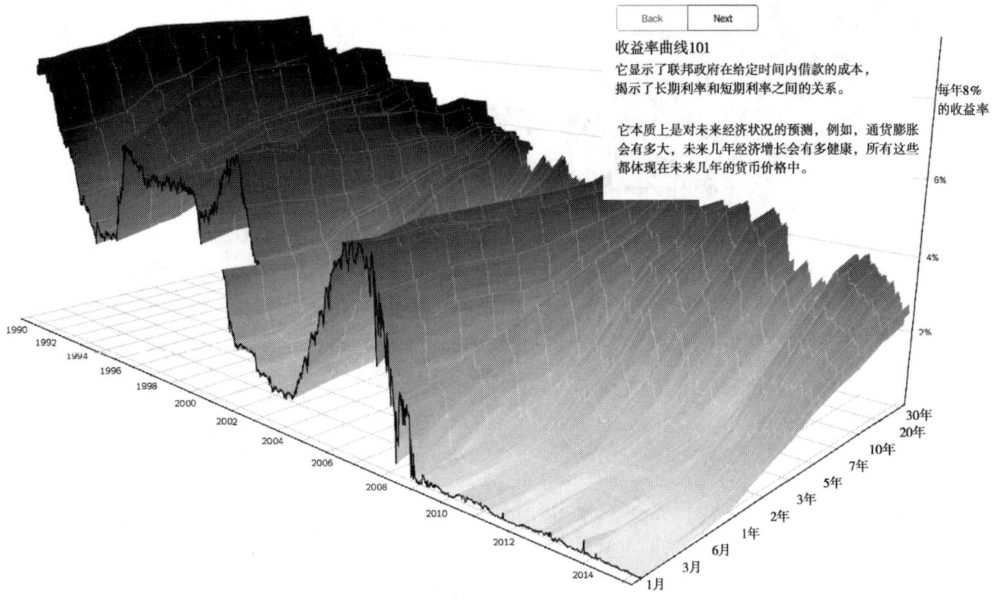

图3.18　收益率三维作品全局图

该作品的最后两幅图对比了德国和日本过去20年的收益率曲线（图3.19、图3.20）。两个国家都出现了负利率的情况，当然曲面的形状因为国家经济政策的不同而有所区别，但总体而言，美国的收益率曲面仍然相对偏高，文章认为美国债券市场在未来几年中将保持缓慢的增长速度和较低的通货膨胀。

总体而言，这个作品的学术性较强，它试图在一幅图中描述20多年中的收益率涨跌趋势，因为收益率曲线本身在平面图中已经有两个坐标，它还想增加另一维度的时间轴信息。传统图表要么在不同的小图中展示时间轴信息，要么以视频的方式展现随时间变化的发展趋势，而这个作品以三维曲面图来反映随时间变化的收益率涨跌趋势，这无疑是一个创新。

随着网页端对WebGL[①]支持技术的发展，可以看到在数据新闻中出现越来越多三维作品的身影。三维作品的一个优势在于可以在一张图中展示更多维度的信息，

① WebGL是一项利用JavaScript API渲染互动式3D/2D计算机图形技术，基于OpenGL ES 2.0，通过编写网页端代码即可展示3D图像。WebGL只提供了底层的渲染和计算函数，而未定义高级的文件格式或交互函数，开发者可以利用一些高级程序库进行创造，比较流行的程序库有osg.js和three.js。

同时还允许用户进行交互探索，但是用户解读也更有难度。所以这件作品几幅图中的提示就显得尤为重要，高亮显示重要的节点和曲线，帮助读者从零到一读懂这个趋势。

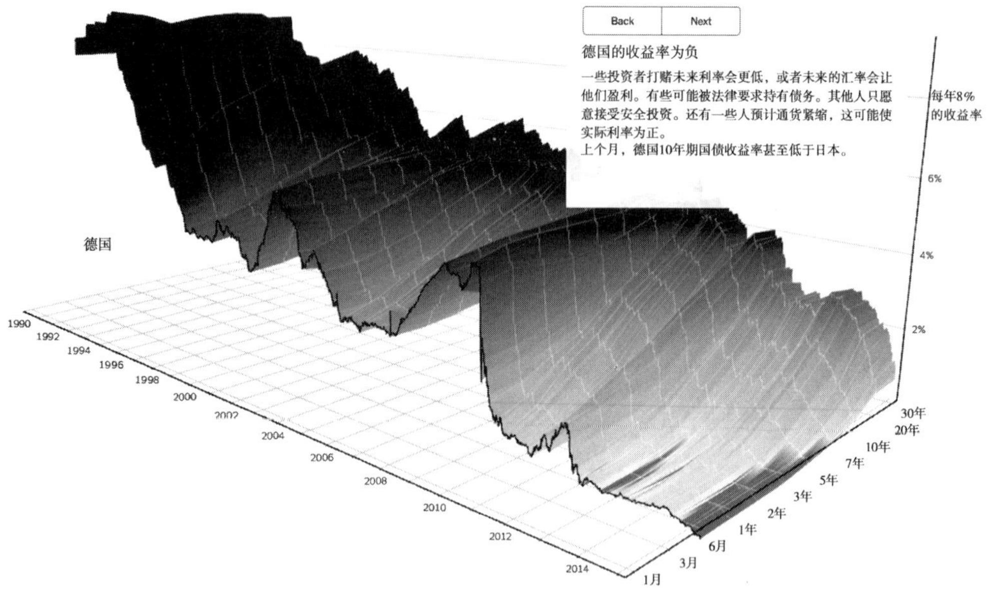


图3.19　德国的收益率曲面图

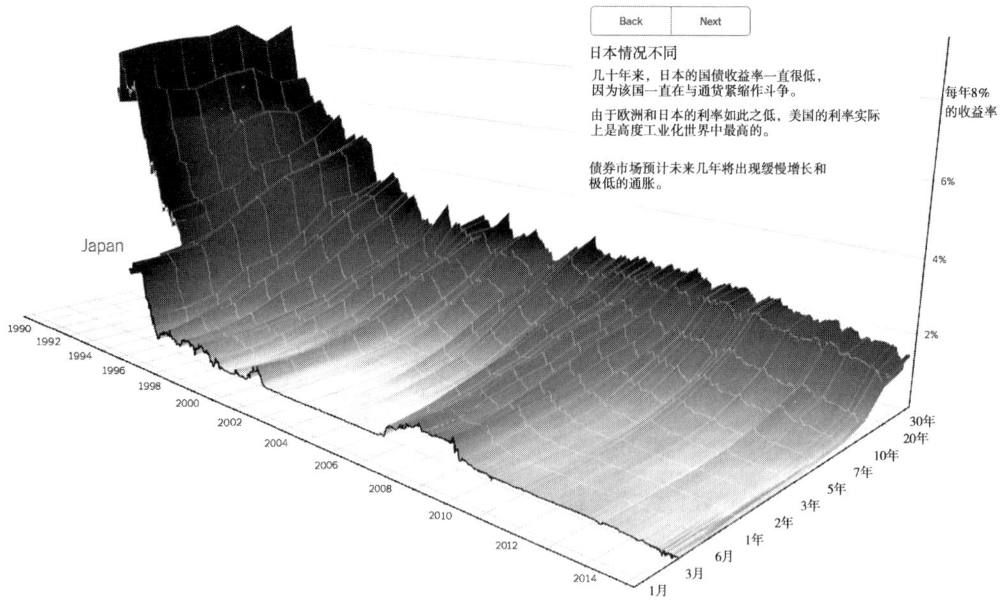


图3.20　日本的收益率曲面图

## 其他案例

《华尔街日报》：中国经济追踪器（China Econtracker）。

《华尔街日报》发布的“中国经济追踪器”是一个中英双语的数据新闻工具，每个月月中或月末发布中国经济数据，由著名的中国报道记者Tom Orlik领衔制作。2011年Tom Orlik出版的《解读中国经济指标：在数字中锁定投资机会》（*Understanding China's Economic Indicators：Translating the Data into Investment Opportunities*）一书用通俗活泼的语言解读了中国经济的主要指数。该书的中文版已由中国经济出版社于2012年出版。

《纽约时报》：《255张图解释经济衰退如何重塑经济》（“How the Recession Reshaped the Economy, in 255 Charts”）。

2014年美国终于弥补了自2008年金融危机以来失去的九百万的工作机会，但各行各业从经济衰退以来复苏的速度并不相同，《纽约时报》的数据新闻专栏“The Upshot”用一种解构的方式解读了就业与薪资这两个重要的指标。

阿里研究中心：网络零售价格指数

阿里研究中心依托阿里巴巴集团的巨大网络零售数据资源，从2011年开始发布网络零售价格指数（Internet Shopping Price Index，简称iSPI），2013年在iSPI报告的基础上发布了数据地图，以省（市、自治区）为单位，呈现了中国的经济状况和网络消费情况。

## 媒体档案

彭博社是全球最大的金融信息服务供应商，其数据终端系统（Bloomberg Terminal）帮助客户查阅和分析实时的金融市场数据，并帮助客户进行交易。该产品年费约2万美元，贡献了公司85%以上的营收。旗下的新闻社是全球最大的财经资讯媒体，在全球有超过一百家分社和上千名新闻专业人员。

2013年中，彭博社的图形设计团队成立了视觉设计组（Visual Data Team），招募了不少业界优秀的设计师、程序员和记者，试图打造一系列新型的、新闻编辑主导的数据交互产品，覆盖经济、政治、商业、医疗健康、教育、能源、房地产和技术领域，满足全球读者对解释清晰和探索功能丰富的新闻产品的需求。

自上线以来，团队推出了许多令人耳目一新的作品，比如2014年对世界杯、全球石油价格的涨幅、模拟交易游戏等的预测。

## 数据百科

1.世界银行（World Bank）中文版数据库

http: //data.worldbank.org.cn

提供超过9000个指标，用户可以用它们来建立带表格、图表或地图的海关报表。这些实时报表可以储存，在用户间分享，以及插入网站或博客文章中。

2.OpenCorporates

https: //opencorporates.com

主要收集可供公共使用的公司信息，数据索引是通过查询WIPO（World Intellectual Property Organization, http://www.wipo.int ） 唯一注册商标的方法，开放API供开发者使用。

3.国家统计局

http: //www.stats.gov.cn/

包括统计公报、数据、分析、出版、法规、管理、直报等信息。不仅有月度、季度、年度数据，还有普查数据和中国年鉴，关于具体的数据还有统计标准和指标解释版块。

4.国际货币基金组织中文版

http: //www.imf.org/external/chinese/

5.CEIC统计数据库

https: //www.ceicdata.com/zh-hans

超过128个国家的经济数据，精确查找GDP、CPI、进口、出口、外资直接投资、零售、销售以及国际利率等深度数据。

6.OECD (Organization for Economic Co-operation and Development)

https: //data.oecd.org/

全球经济发展指数的数据库，包含各种图表、地图、相关文献等，为开发人员提供API接口。

7.万德资讯

http: //www.wind.com.cn/

金融数据和分析工具服务商。

8.国家审计署

http: //www.audit.gov.cn/

9.中国证监会

http: //www.csrc.gov.cn/

10.中国银监局

http: //www.cbrc.gov.cn/

11.中国人民银行

http: //www.pbc.gov.cn/

12.中国财政部

http: //www.mof.gov.cn/

13.中国税务局

http: //www.chinatax.gov.cn/

14.香港交易所

https: //www.hkex.com.hk

15.上海证券交易所

http: //www.sse.com.cn/

16.深圳证券交易所

http: //www.szse.cn/

17.中国证券登记结算有限公司

http: //www.chinaclear.cn

18.中国债券信息网

http: //www.chinabond.com.cn/

19.中国货币网

http: //www.chinamoney.com.cn/

20.中国金融信息网

http: //www.xinhua08.com/

21.三大信用评级机构之标准普尔 Standard & Poor’s

https: //www.standardandpoors.com

22.三大信用评级机构之穆迪评级 Moody’s Corporation

https: //www.moodys.com

23.三大信用评级机构之惠誉评级 Fitch Group

http: //www.fitchratings.cn/

## 延伸阅读

1.一千万到底是多少钱？帮你理解新闻中的货币金额

https: //fangkc.cn/2013/11/spending-stories/

2.财新设计师：数据新闻实践经验谈 2.0

http: //www.cbdio.com/BigData/2015-01/07/content_2188839.htm

3.浅谈桑基图：理论、技巧与经典案例分析

http: //blog.sina.com.cn/s/blog_663d9a1f0102v8lu.html

## 思考题

1.在报道经济金融领域的新闻时，数据新闻的优势在哪里？

2.为什么要针对报纸、计算机、平板、手机等不同的媒介做不同的设计？你能否找出一件使用了这种设计理念的数据新闻作品？

3.请提出三种对股市行情进行可视化的策略。

4.三维作品的优势和挑战分别在哪里？

# Chapter 4
# 第四章　公共事务

在商业金融之外，公共事务中也存在着大量的数据。通过梳理这些数据，媒体可以更好地向读者展现社会的运行规律，帮助读者成为更知情的公民。

## 水墨画式山峦起伏背后的全球疫情

案例名：《一百万，一个全球悲剧》
媒　体：澎湃新闻（2020年9月29日）
作　者：孔家兴、王亚赛、陈良贤、吕妍

新冠肺炎疫情是2020年至今全球最重要的公共事务。在用数据展现疫情方面，澎湃新闻出品的《一百万，一个全球悲剧》堪称中文数据新闻作品当中的精品，它也获得了2020年中国数据内容大赛的“最佳移动交互设计”金奖。（见图4.1）

这则作品的最大特点是，用三维立体的方式展现各国因新冠肺炎死亡的人数折线面积图，并以黑白配色，使它呈现出中国水墨画般的视觉效果，庄重肃穆，体现了对生命的尊重。

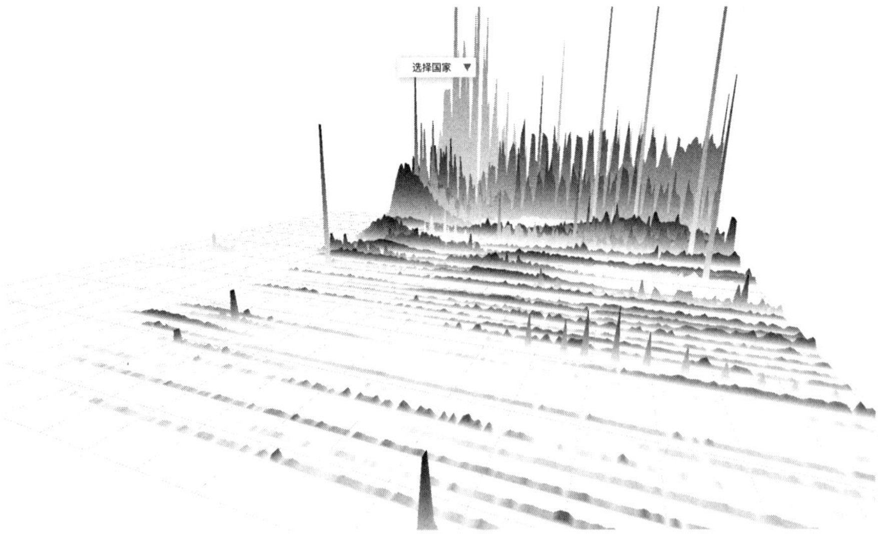


图4.1　《一百万，一个全球悲剧》作品截图

2020年9月，全球因新冠肺炎死亡的人数达到100万。在这个时间节点上，许多媒体都在试图别出心裁地呈现各国死亡数字。如何在激烈的竞争中脱颖而出？澎湃新闻的数据新闻编辑们采用了一个简单但极具视觉冲击力的方式：三维折线面积图。

在画面的三个维度中，高度表示每日死亡人数，那些“突破天际”的时间点令人感到心惊；从左到右的维度代表时间——2020年1至9月；从内到外的维度则是不同国家，三维立体的方式很好地让各个国家的数据之间产生了层次感，我们可以一目了然地看到疫情“震中”的转移。

除了让读者在这个页面上自由察看各国的死亡人数趋势，这则作品也有一些引导性的文字和交互效果提醒读者注意一些重要信息，包括使美国、巴西、印度三国的数据高亮，显示这三个国家的死亡人数接近全球死亡量的一半；以二维和三维之间翻转的方式，展示美国的单日最高死亡人数，以及全球新增死亡病例最多的日子（4月17日）；将墨西哥的数据高亮，并解释为何墨西哥的病死率居世界各国前列。这些引导性的内容可以让读者迅速掌握数据中的关键信息。在文字叙述和数据展示方面，这则作品展现了良好的节奏。

值得一提的是，这则作品的载入页面也别出心裁：用“全球新冠死亡××万人”的方式代替了“已载入××%”的提示方式。当数据增加到“100万人”的时候，刚好加载完成，充分展现了100万人死亡数据的互动图表。

中国数据内容大赛对这则作品的评价是：都说成功的作品大都是简单的，这幅仅有一个图表的作品可以说是其中的一个代表了。的确如此，不过，在这种简约的呈现和简明的逻辑背后，是非常考验编辑功底的对图表形式的选择和叙事节奏的把握。

## 用多种图表追踪人大代表的建议机制

案例名：人大代表建议——从提出到落实，有多长的路要走？

媒　体：作者个人网站（发表时间不详）

作　者：曹金杰、黎炯晖、李明鸿、刘予萌、赵寒旭

人民代表大会制度是中国的根本政治制度。在这一制度中，提出建议，是人大代表重要的工作职责，而收到人大代表建议的各政府部门，则应该予以回复。

这则数据新闻作品，以全国人大代表在2018—2020年，即第十三届全国人大第一至第三次会议期间提出的9651条建议为数据来源，对建议的内容和收到的回复做了详尽的分析，其中使用了多种类型的图表，从多个维度展现数据的特点。（见图4.2）

首先，作者使用树图展现了各部委在这三年间收到的建议数量，从中可以直观地看到，农业部、教育部与卫健委收到的建议最多，均超过1200条。而像审计署、地震局等部委则只收到零星几条建议。

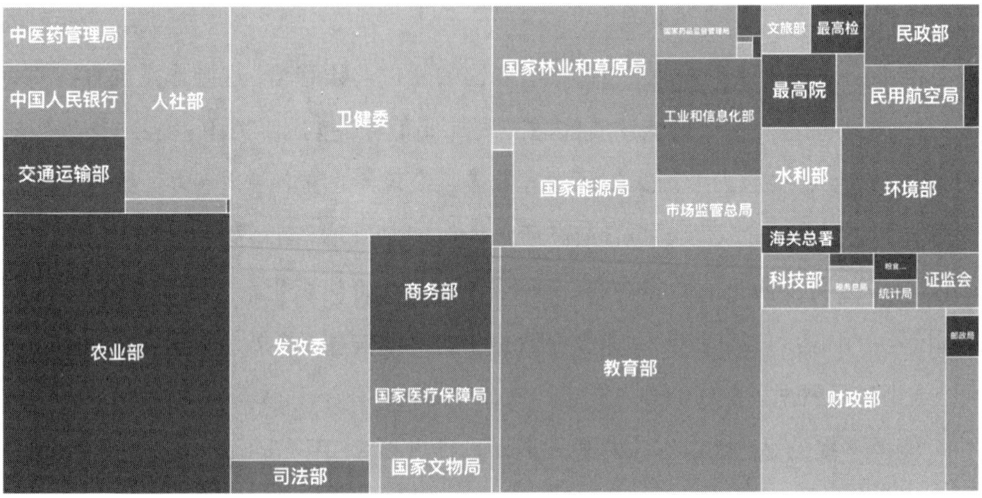


图4.2　各部委三年间收到的建议数量

其次，作者又用一个圆点代表一条建议的方式，对比了收到建议最多的八个部委在三年间的变化（见图4.3）。通过色彩对比，我们可以清晰地看到，卫健委收到的

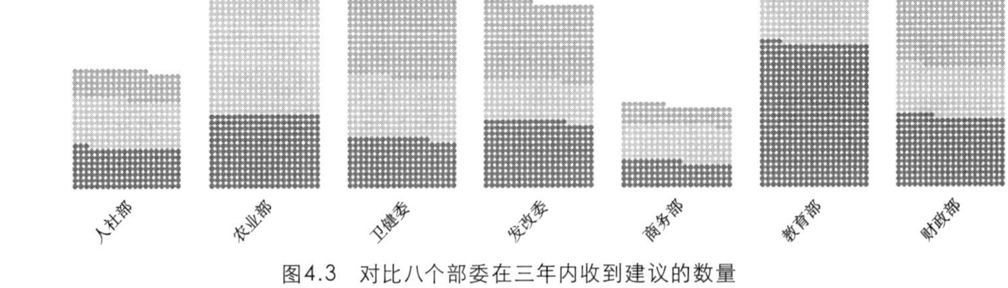


图4.3　对比八个部委在三年内收到建议的数量

建议大多是在2020年提交的，这显然与新冠肺炎疫情有关。相比之下，教育部三年内收到的建议数量基本保持稳定。另外，将鼠标移动到图上的任何一个小圆点上，都可以从弹出的信息中得知建议的基本内容。

再次，作者又将这些建议按照主题进行了分类，重新对比其数量，发现建议聚焦于社会、经济和生态文明三个方面。

在作品的后半部分，作者使用了两幅桑基图来对这些建议进行细分。第一幅桑基图展现的是：建议属于地方议题，还是属于全国话题？是关于制度文件，还是关于其他方面的建议？第二幅桑基图（见图4.4）则关注了各部门出台的文件，看看它们是怎样回应人大代表们的建议的。这是一幅互动式的桑基图，读者可以将鼠标移到中间的某一个话题，例如“科技、教育”，这时与之相关的曲线都会高亮，其他曲线则会隐藏。我们可以直观地看到，这些文件大部分由教育部出台，但也涉及其他部委，而文件的形式大部分是通知，也有少量公告、法律法规等。

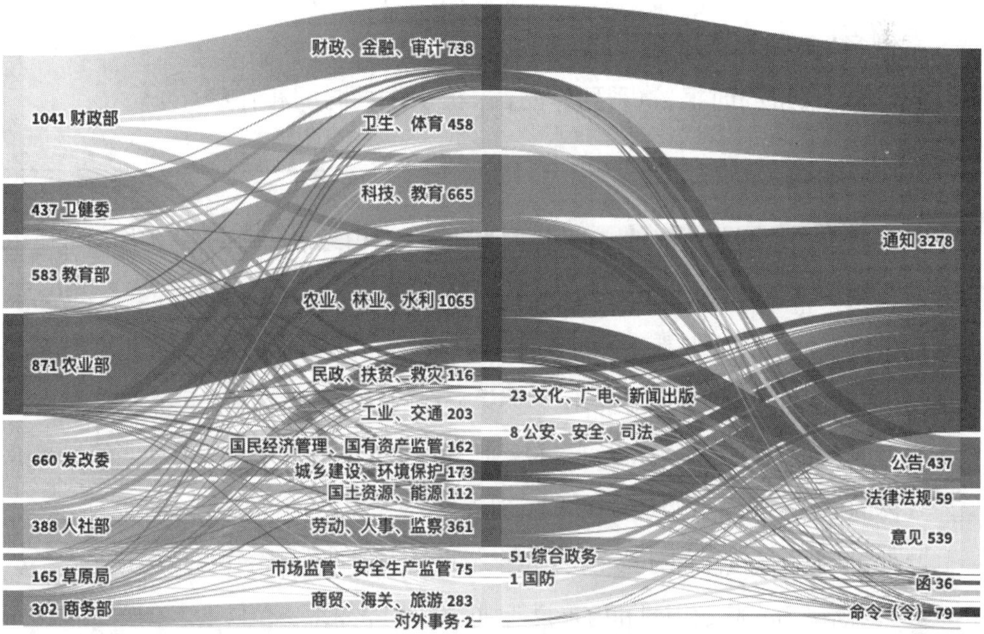


图4.4　相关部门出台文件的话题和类型

最后，作者又使用了热力图，对2019年12月到2021年6月卫健委出台的政策文件做了分类统计（见图4.5）。从图中，我们可以直观地看到，与新冠肺炎相关的政策文件在2020年1月之后的几个月里密集出台，而其他类别的文件则相对保持着稳定的出台速度。作者通过这幅热力图说明：公共突发事件刺激部门迅速做出反应。

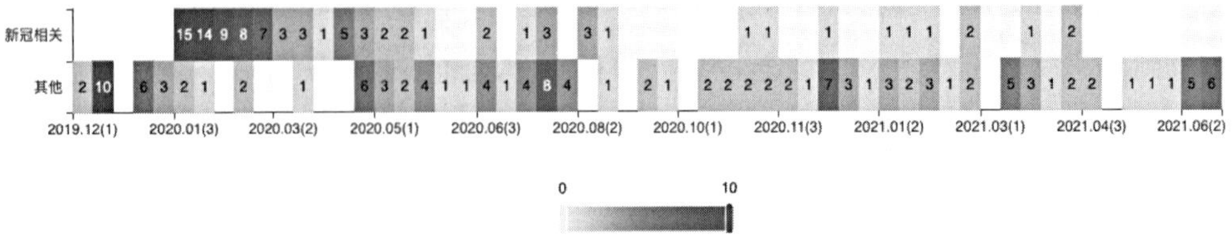


图4.5　卫健委出台的政策文件分类统计（2019年12月—2021年6月）

总的来说，这是一则灵活运用了多种图表类型的解释报道，它从政府官方网站获取了权威信源，并清晰地将其做了可视化处理。每一幅图表都有明确的目的，图表与文字的配合也很到位。

## 用形形色色的地图展示信息

案例名：美国大选地图

媒　体：《纽约时报》（系列作品，未标明发表时间和作者）

大多数读者看到地图都比较亲切，因为日常生活中经常见到，基于地图的可视化也相对直观。《纽约时报》是最早对选举数据进行地图可视化的媒体之一，2008年刚刚推出交互地图时读者都觉得很新鲜，而现在基本已经成为标配。在几个月的大选期间，信息量非常密集，别说读者，即使第一线的时政记者也不一定能紧跟。

交互地图的优势在于，读者可以轻松地随时查阅，可以放大某个具体的州和市镇看具体的数据。美国虽然是全民普选，但它有一套复杂的“选举人票”制度。在这一制度下，州成为最重要的计票单位：每个州根据人口的数量分得一定的选举人票，在绝大多数情况下（除缅因州和内布拉斯加州之外），如果一位候选人在一个州获得了多数选票，那么他就可以“胜者全得”，拿下该州的全部选举人票。因此，以州为单位来分析大选结果是最自然的选择。

从项目布局上来说，这几届作品的变化都不大，主体是红蓝两色（分别代表共和党和民主党）的各州面量图，最上方是菜单和实时的数字结果，左侧是辅助切换菜单。2012年相比2008年的主要改变，一是设计上更简洁了，这也是网站整体改版的风格变化；二是将左侧的菜单换成了更直观的小地图。技术上，在2008年时中间的地图仍然是用Flash绘制的，而到了2012年都是用HTML5了。

2012年大选地图主体比较中规中矩，经常被提到的是箭头地图，它表示2012年相对于2008年，各个选区的民主党/共和党投票变化，箭头的长度与转换选票的多少成正比。同样的信息，编辑们在2008年选择用色块来显示变化，用深浅来表明变化的幅度。很难说哪种显示方式更好读，箭头太多，容易给人错乱的感觉，但是箭头的优点是简单直接，容易看出大势。

在2014年的中期选举中，《纽约时报》的编辑们又做了一个不一样的面量地图，作品叫作“The Most Detailed Maps You'll See from the Midterm Elections”，小注中写到编辑们之所以敢称这是“最详细的选举图”，是因为他们加入了美国最小选举行政单位——选区（precincts）的数据，全美在2012年一共有17.5万个选区，是传统选举地图上最小行政单位县（county）的数量的50多倍。也正因为地图细节清晰，所以编辑们把各个州分别拆开展示，并且对某些有意外选举结果的郡县加上了备注。当各家媒体的选举地图都传播开来时，《纽约时报》的这种创意和细致受到了人们的关注。

除了《纽约时报》，其他媒体的选举地图也各具匠心，比如《华尔街日报》2014年的中期选举地图在侧边栏配上了实时的新闻流，在下方用各州地图字体显示了数据结果。也有不少媒体选择将成比例的气泡叠加在地图之上实现可视化。

一般来说，选择地图可视化是希望将和地域有关的数量信息更直观地映射出来，地图上的这些数量信息一般都有排名或者量级范围，有多种地图种类可供选择，最常见的有：

1）面量图；

2）成比例符号图；

3）点图；

4）统计地图。

**名词解释**

地图字体（Map Glyphs）：用一个地域的轮廓来作为唯一/特殊辨识，一个轮廓代表一个地域。比如说美国50个州的地图很多读者很熟悉，用地图字体的方式作为占位符或者图标，既提示了信息也显得很活泼。地图字体网站有超过300个国家地区的地图字体，参见网站（http://mapglyphs.com）。ProPublica也有自己的免费开源库，参见http://propublica.github.io/stateface/。针对中国省份的地图字体，设计师苏颢云也曾做过一个开源版本，参见https://github.com/HaoyunS/EyesAsia。

名词解释

面量图（Choropleth Map）：在整个制图区域的若干个小的区划单元内（行政区划或者其他区划单位），根据各分区资料的数量指标进行分级，并用相应色级或不同疏密的晕线，反映各区数据的分布差别。

统计地图/变形地图（Cartogram）：一种特殊的制作地图的方式，按照各区域单元属性值的区际比例，调整每个区域单元的几何面积，同时保持各个区域单元的空间邻接关系。

面量地图在上面的例子中有不同的衍生。另外，Size of Lead（领先程度）版块就是用成比例符号图表示的，其中的符号选择的是气泡——气泡算是最常见的叠加在地图上的符号了，气泡大小反映数量的多少，颜色表示不同的分类，一般颜色不会太多。当显示的类别比较多而数量差异不大时，常用有色点图来表示，一个标记（点、方块、三角等）表示一个事件。图4.6是《卫报》展示的美国国会代表分布地图。

图4.6 《卫报》展示的美国国会代表分布地图

一些作品也会使用点图标记的颜色深浅来表示数量变化。《纽约时报》的作品“Mapping Segregation”是点图的一个经典例子，它统计了美国几个大城市的种族分布。在作品中，一个点代表人口普查数据中40个人的样本，蓝、橘、红、绿分别表示非裔、西班牙裔、亚裔、白人种族，读者可以很清晰地从颜色中看到各个族裔在大城市聚居的状态。比如在纽约市曼哈顿的中国城和皇后区可以看到很多亚裔，Bronx区多西班牙裔，Brooklyn区多非裔，等等。

但是，关于上面案例中的地图可视化，有不少人认为这种地图的表现方式扭曲了，或者说忽视了普查中的一些重要信息——当读者解读地图时，潜意识中认为地图每一寸面积代表的人口样本是一样的，这个前提假设显然不总是正确的。人口一般都聚居在主要城镇、港口，很多土地上其实是荒芜的，比如美国人口的居住面积其实只占国土面积的26%左右，用面量地图或者点图来反映数量变化时，数据新闻作品讲述的故事就会失真，很多时候记者自己也没有意识到这个问题。

对于上面这个问题，很多人提出用统计地图的方法来解决，这也是2015年数据新闻作品的一个发展趋势，这其中也牵涉到地理数据的读取、映射等。关于统计地图等其他地图类型的具体案例和展示以及数据的分析，我们会在后面的章节中讨论。

最后再探讨一下在实践中各种地图式报道的制作，上面的几个例子大多是使用D3.JS制作的，D3.JS使用起来灵活且展现能力强大，适合各种类型的可视化。Leaflet.JS相对更专注于地图的可视化，但是学习和熟练使用JavaScript库需要一个过程，编程经验有限或者截稿时间紧张的作者，也可以直接使用相对简单的工具。

Esri旗下的ArcGIS是一个很强大的工具，在地理信息系统领域活跃了很久，地图的种类多样，支持各种移动端，项目的部署流程很完善，但收费相对较贵，需要经过一些专业的训练，更偏向于企业级应用。另外两个新起之秀是Mapbox和CartoDB，两者的应用场景略有不同。Mapbox更适用于网页和移动端的基本底图制作，在样式定制、快速渲染、离线使用等方面很突出，最新推出的桌面应用Mapbox Studio（前身是TillMill）非常好用，不少记者用它制作交互地图。CartoDB是一个功能更全面的工具，对地理数据的存储、查询、分析和处理都很出色，可以支持将Mapbox生成的底图导入，在底图上叠加数据结果，《华尔街日报》在2012年的大选报道中就使用了CartoDB。免费的软件中Google Fusion Tables和Google Maps也都不错，但是视觉效果就差了不少。

**名词解释**

D3.JS：是由《纽约时报》数据编辑 Mike Bostock 与斯坦福大学的教授和同学合作开发的数据文件处理的JavaScript库，D3的全称为Data-Driven Documents。D3.JS已经成为主流数据可视化工具之一，许多新闻编辑室的数据交互作品都是基于D3.JS的，网址为https: //d3js.org。得克萨斯大学奥斯汀分校Knight中心远程学习项目定期有D3.JS的课程讲座，网址为http: //journalismcourses.org。

**名词解释**

地理信息系统（Geographic Information System，简称GIS）：用于输入、存储、查询、分析和显示地理数据的计算机系统。

# 用决策树图预测选举结果

案例名：《走向白宫的512条路径》（“512 Paths to the White House”）
媒　体：《纽约时报》（2012年11月2日）
作　者：Mike Bostock、Shan Carter

《走向白宫的512条路径》是《纽约时报》又一个经常被提到的经典案例，获得了当年信息设计、数据新闻领域的多种奖项。因为这幅作品既有宏观视角，提供简单美观的可视图；又有微观视角，允许用户深入交互查看数据。很难定义这幅可视作品的类型，有人觉得像流程图（Flow Chart），有人觉得像二叉树（Binomial Tree），抛开定义，这幅作品非常清晰地解释了摇摆州（Swing State）的概念，也把一种游戏式的交互方式带入了数据新闻中。（见图4.7）

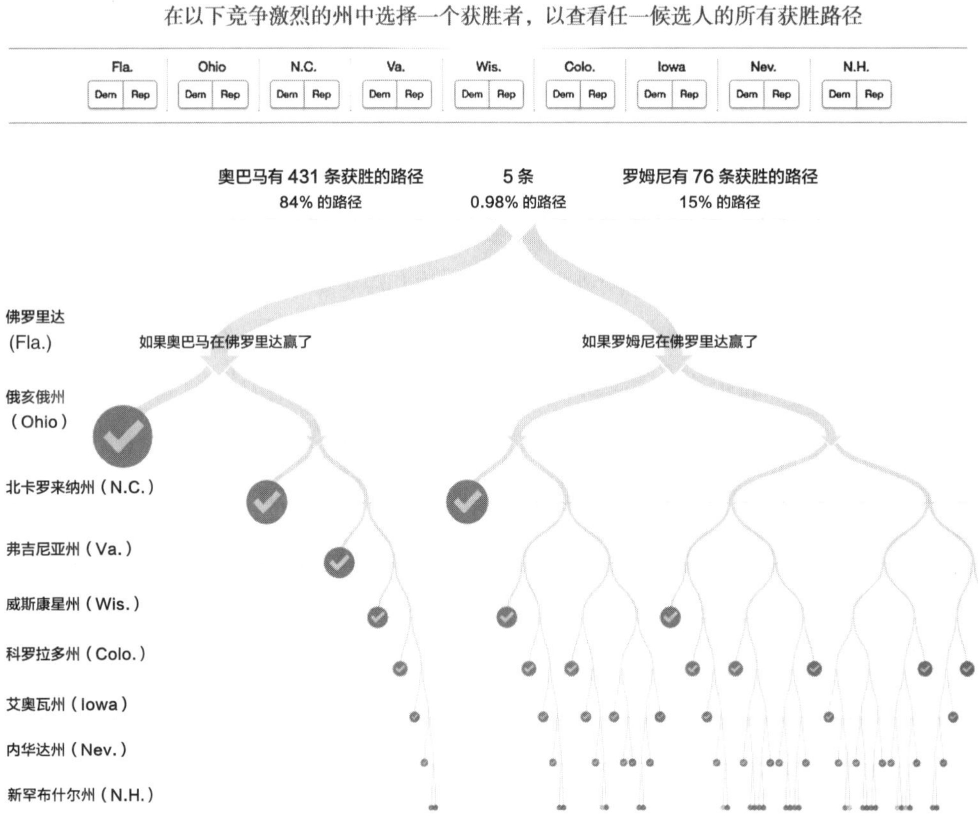


图4.7　走向白宫的512条路径

上文提到，在美国的大选中，赢得一州多数普选票的候选人可以拿下该州的所有选举人票。候选人通常在某些州有传统优势，比如共和党在南方的得克萨斯州、密西西比州、阿拉巴马州等基本上都是赢面，所以在竞选过程中一般不会在对方的优势州花费过多精力，而是把注意力集中在那些摇摆州上，尽可能地争取这些州的选票。

这幅作品中编辑们选取了被认为是摇摆州的9个州，它假设，在2012年的大选中，共和党和民主党在分别拿下各自比较有把握的州的情况下，共和党总统候选人罗姆尼和民主党总统候选人奥巴马赢取不同州一共有512种（2的9次方）排列组合方式。作品上方有9个州的选择按钮，下方的州从上往下按照有效选票数排列（佛罗里达州共有29张有效选票、新罕布什尔州只有4票），每选择一个州的票数或者高亮一条路径，交互就会相应变动。

根据这幅图的计算结果，奥巴马有431条获胜的路径，而罗姆尼只有76条，两人打成平手、获得完全一样选票的可能性只有0.98%，即5条途径。作品最下面有4条编辑分析——如果罗姆尼输掉了佛罗里达州的选票，那么他只有赢得其他8个州才有可能获得最后的胜利；根据《纽约时报》的模型估算，只有7个州会真正影响大选的局势；当发生小概率的平票事件时，新当选的众议院代表们会选出总统，这时就极有可能是罗姆尼胜出。读者可以点击这些预设的情景，看相应的途径变化。

这幅作品的作者Mike Bostock①和Shan Carter自加入《纽约时报》后共同创作了许多出色的数据新闻项目，Mike是D3.JS的主要作者，他俩在Source②网站写过这个作品的开发过程，其中有很多有趣的细节。

在2012年的大选项目主页上，《纽约时报》的编辑们还做了一个摇摆州跟踪器（Swing State Tracker），来实时跟踪这些州的投票情况，以及两党候选人在各州宣传上的投入力度（见图4.8）。从上面几个例子可以看出，相比2008年大选数据新闻项目，2012年编辑们在技术上成熟了很多，常规地图中有突破，独具匠心的项目也有不少，数据模型也逐渐成熟了。

---

① Mike Bostock，D3.JS的主要开发者，在斯坦福大学读博士期间和他的教授Jeffrey Heer一起开发了D3.JS，是数据可视化领域的领军人物。直至2015年，他一直供职于《纽约时报》，制作了很多经典的数据新闻案例，他在各种可视化大会上的演讲也很精彩。个人网站：https://bost.ocks.org/mike.

② Source 是Knight基金会和Mozilla公司合作的OpenNews.org下面的项目之一，旨在扩大数据新闻社区的影响力，为更多的记者、设计师、工程师、编辑提供一个交流分享的平台。许多有名的项目编辑和作者都会在平台上分享他们的创作过程或者源代码。

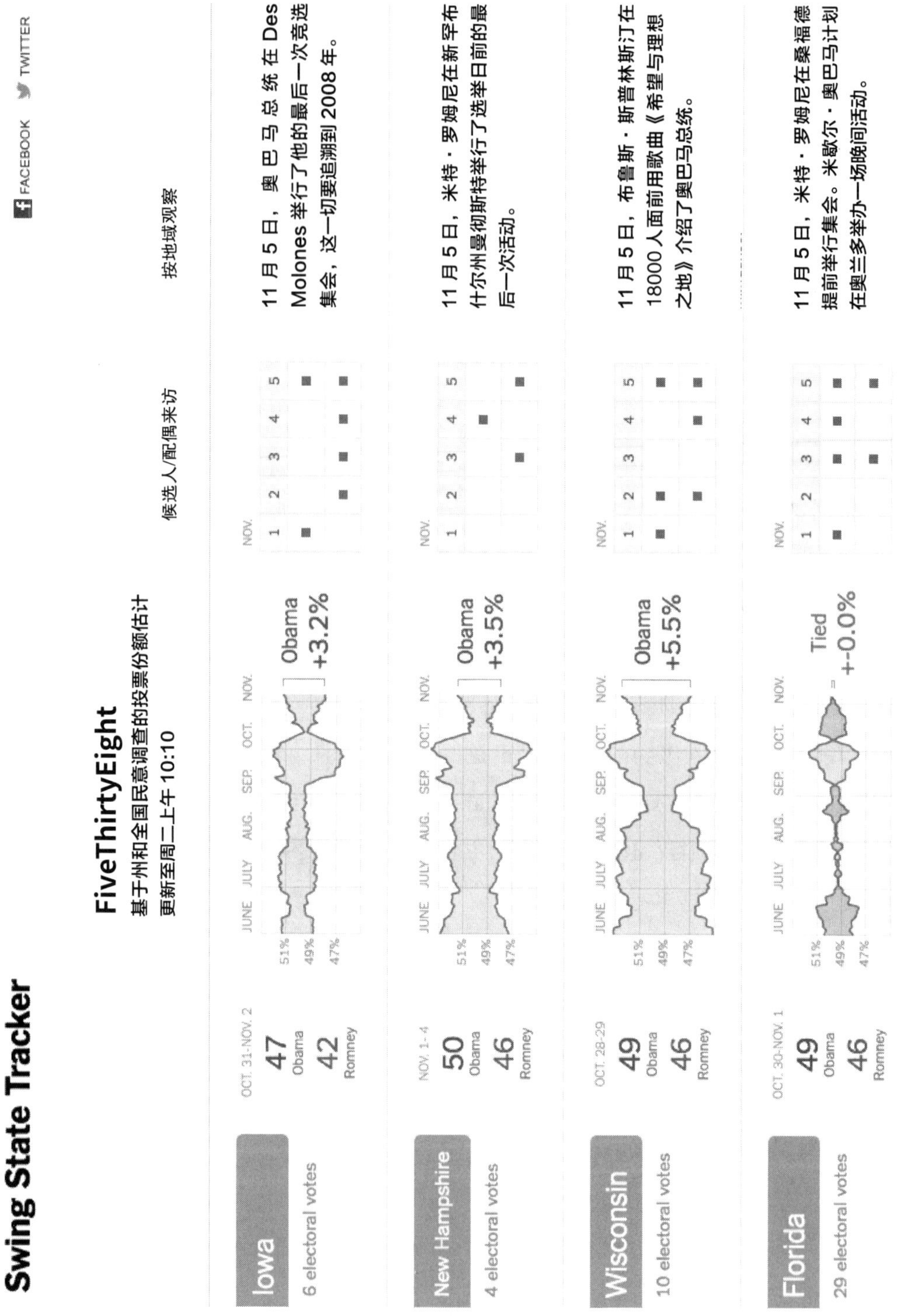
Swing State Tracker
FACEBOOK
TWITTER
FiveThirtyEight
基于州和全国民意调查的投票份额估计
更新至周二上午10:10
候选人/配偶来访
按地域观察
Iowa
6 electoral votes
OCT. 31-NOV. 2
47 Obama
42 Romney
Obama +3.2%
11月5日，奥巴马总统在Des Molones举行了他的最后一次竞选集会，这一切要追溯到2008年。
New Hampshire
4 electoral votes
NOV. 1-4
50 Obama
46 Romney
Obama +3.5%
11月5日，米特·罗姆尼在新罕布什尔州曼彻斯特举行了选举日前的最后一次活动。
Wisconsin
10 electoral votes
OCT. 28-29
49 Obama
46 Romney
Obama +5.5%
11月5日，布鲁斯·斯普林斯汀在18000人面前用歌曲《希望与理想之地》介绍了奥巴马总统。
Florida
29 electoral votes
OCT. 30-NOV. 1
49 Obama
46 Romney
Tied +-0.0%
11月5日，米特·罗姆尼在桑福德提前举行集会。米歇尔·奥巴马计划在奥兰多举办一场晚间活动。

图4.8 摇摆州跟踪器

## 挖掘国情咨文的文本特征

案例名：美国总统发言里的历史（“History Through the President’s Words”）

媒体：《华盛顿邮报》（2016年1月12日）

作者：Kennedy Elliott、Ted Mellnik、Richard Johnson

根据美国宪法，每年年初，现任总统都要在国会众议院发表国情咨文（State of the Union address）阐述政府的施政方针，历届总统对此都非常重视，措辞更是非常严谨。1900年以来，美国20位总统一共发表过117次国情咨文。

这些咨文通常会涵盖民族主义、经济政策、国家安全、外国关系等方面，《华盛顿邮报》的编辑们对过去20多年的咨文进行了统计分析，并请教了英文文学和语言学的教授专家，呈现了这幅作品。

作品本身的界面很简洁，横坐标就是年份，纵坐标是重要的单词，红蓝两色分别代表两党的总统发言，气泡的大小表示单词出现的频率，鼠标悬停的时候会显示相关信息。在外交政策这个版块，近些年的伊朗、阿富汗、伊拉克战争等关键字频频出现在咨文中，另外，恐怖主义（terrorism）及相关字眼在近些年也频繁出现。

案例中的文本分析非常直白，只是简单的词频（包括近义词）统计。最基本的文本分析方法除了词频统计，还有自动识别实词（如人名、地名）等，以及进一步的自然语言处理和情感分析（sentiment analysis）、语料对比（corpora comparison）、文档分类（document categorization）等，一些现成的工具还可以做简单的分析，各种语言的库和算法可以做进阶分析。

在2010年，Jonathan Stray 和Julian Burgess创建了Overview项目，对维基解密中的伊拉克战争日志进行了文本分析，对将近40万份政府报告中的关键词进行了聚类、标记和关联，并展现在一张节点网图中。

网图中每一个节点（Node）表示一个文件，所有的文件被粗略划分，共有七八种，每个节点的颜色就代表一种文件的类别，作者在右下方的图例中标记出来，比如蓝色表示犯罪事件。每一条边（Edge）的连接权重是通过 TF-IDF（term frequencyinverse document frequency）计算的文本之间向量的余弦相似性值。作者提取出每份文件的三个特色词，标记在节点旁边，聚类的每簇节点中都包含某个共同的特色词，单词出现的频率也与大小正相关。从网图中间的蓝色节点簇（犯罪事件类文件）中出现的气泡最大的单词尸体（corpse）、射击（shot）、手铐（handcuffed），到红色节点簇（爆炸危险类文件）出现的气泡最大的单词卡车（truck）、油罐车（tanker），不难看出战争的焦灼和残酷。

**名词解释**

开源（Open Source）：将源代码开放，允许使用者自由取用和修改。

《美联社》从2012年开始，陆陆续续地将与这个项目相关的代码、工具和平台开源在Github上（https://github.com/overview Overview），项目也提供了方便数据新闻记者们查询、标记、可视大量文件的工具，读者可以下载工具后将自己的文件上传至此。

**名词解释**

Github：全球最大的代码存放网站和开源社区。很多个人、组织都会在Github上存放和共享代码。

目前，Github是世界上最大的代码存放网站和开源社区，利用Git技术进行版本控制，提供专门用于存放软件代码与内容的共享虚拟主机服务。自2007年上线以来，越来越多的新闻编辑室开始在Github创建自己的公共主页，前面提到的《纽约时报》《华尔街日报》《赫芬顿邮报》、彭博社、FiveThirtyEight也都在上面有自己的主页。

这个项目的推出也给数据记者们提供了分析文本类数据的新思路，让大家看到在数据时代如何通过新的技术做新闻挖掘、深度报道。好的数据新闻记者应当能熟练使用这些工具，借助这些开源工具更好地分析自己的数据。后面的章节会介绍更复杂的文本分析案例，比如用机器学习的方法对文本进行情感分析。

## 三维地球显示全球枪支买卖

案例名：《小型武器和枪支进出口情况》（“Small Arms and Ammunition-Imports & Exports”）

媒　体：Google（2012年8月）

在斯诺登事件后，许多大型互联网公司被诟病泄露用户隐私，上面的案例中雅虎的CEO玛丽莎·梅耶尔指出，他们也处于两难境地，如果不交出数据就会被政府起诉，但是同时她也表示，几家大公司联合上诉希望能驳回这些来自政府的数据请求。

2012年Google Ideas联合其他几家公司举办了大会Illicit Networks: Forces in Opposition（INFO Summit）反对非法网络，旨在用科技手段解决武器走私、洗钱、黑市贩卖人口等问题。下面这幅作品是当年大会的副产品之一，主要显示了1992—2010年全球超过一百万次小型武器和枪支进出口情况。（见图4.9）

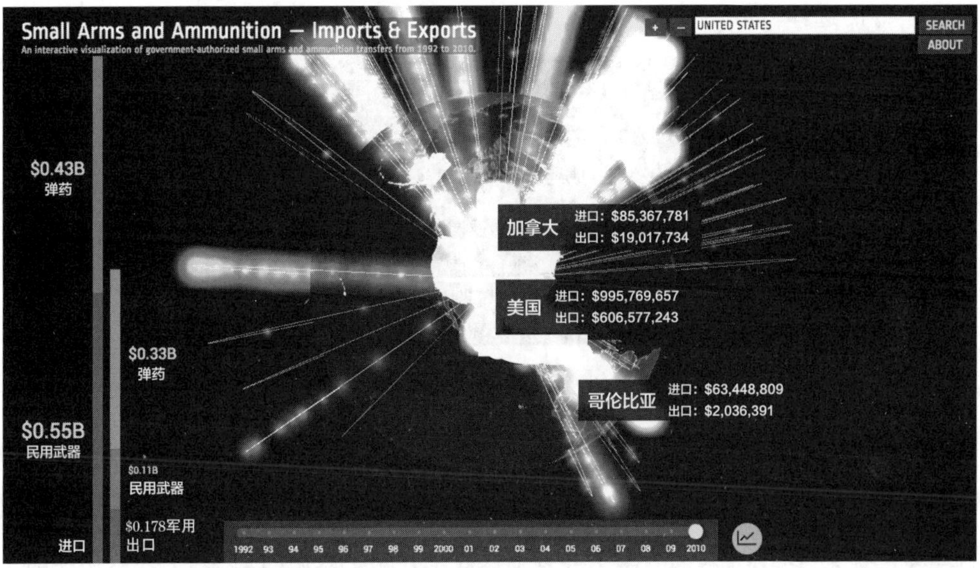


图4.9 小型武器和枪支进出口情况三维图

作品的主体是一个三维的地球图，每条线上点的多寡和荧光亮度与金额成正比，同时，代表国家的标签的大小也和进出口开销成正比。具体的数字在柱状图左侧上也有反映，左侧为进口交易金额，右侧为出口交易金额。拖动下方的时间轴可以看到，随着数据每年变化，三维球体也会变化，点击展开时序图，可以看到20年数据的起伏变化。右上角还有搜索栏可以跳到某个具体国家。图中还提供了数据的3个大类的情况：军用、民用武器、弹药。

这幅图在制作过程中使用了当时刚刚兴起的WebGL（Web Graphics Library）技术，它可以实现一些炫酷的二维/三维图形。和Flash不同，它不需要安装插件就能在绝大部分主流浏览器上运行，这个作品所在的Google Experiments[①]网站上，就有许多非常炫酷的WebGL作品。WebGL可以为HTML5 Canvas提供硬件三维加速渲染，借

① 各种WebGL作品：https: //www.chromeexperiments.com/webgl.

助系统显卡在浏览器里流畅地展示三维场景和模型。其中最有名的库有Three.JS，Babylon.JS，Scene.JS。在2015年的OpenVis[①]大会中，有多个演讲提到了WebGL，之前这个技术还相对小众，在第三章中提到的《纽约时报》三维曲面图预测经济增长案例的火热，带动了一波新闻编辑室的WebGL热。Dominikus Baur在讲座[②]中，比较了时兴的三种浏览器绘图模式：SVG（代表：D3.JS）、Canvas（代表：Google Charts）和WebGL。（见图4.10）常见的数据新闻项目中的图形大多是用SVG绘制，当绘制元素增多时，Canvas的优势就明显了，当需要3D渲染而且性能要求更高时，WebGL无疑是一个好的选择。

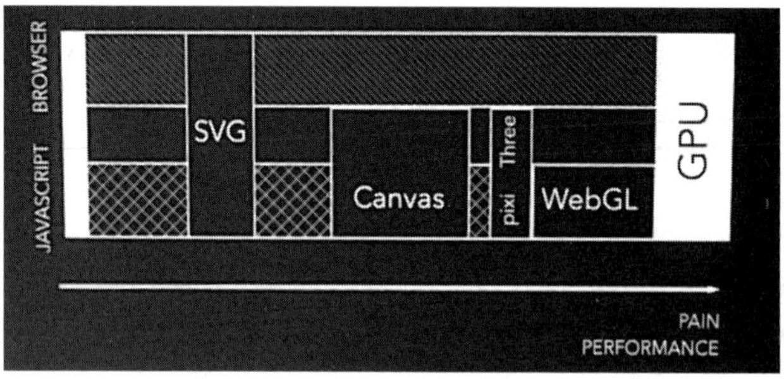


图4.10 三种绘图模式的性能和编写难度

《小型武器和枪支进出口情况》这个案件中的数据是由Peace Research Institute Oslo（PRIO）[③]研究中心提供的，它从37个数据源收集了近8万条军火交易记录，覆盖262个国家和地区。案例的文字部分不仅详细介绍了数据，也提到了其数据库的一些缺陷，比如同一批武器的转运可能被计算多次，或者某些国家因为政策敏感没有任何数据记录，等等。一个好的数据新闻作品，讲清楚数据的来源、方法和缺陷显得尤为重要。

这个作品的资助者谷歌智库（Google Ideas）在2016年改名为Jigsaw。在网站的愿景中它表示，希望利用技术保护弱势群体，抵御越来越严重的安全危机。网站资助的好几个产品都是针对记者群体的：Investigative Dashboard旨在帮助记者研究公司腐败和国际洗钱、偷税漏税问题，它提供了上百个相关数据库；Digital Attach Map通过地图反映了全球每天成千上万的网络攻击DoS（Denial-of-service Attack）；Password Alert帮助用户检查自己是否收到了某种钓鱼邮件或是否有密码泄露风险。

① OpenVis大会，是一项为期两天的数据可视化大会，每年春天在美国波士顿举行，每届都有不少数据新闻记者与会。

② Dominikus Baur，德国的数据可视化和移动交互设计师。其个人网页：http：//do.minik.us.

③ PRIO的NISAT数据库，官网：www.nisat.org；PRIO官网的数据部分：https：//www.prio.org/Data.

## 用响应式的信息图讲述难民迁徙

案例名：《欧洲难民危机——2015年视觉导览》（“Europe’s Refugee Crisis –a Visual Guide to Developments in 2015”）
媒　体：《卫报》（2015年10月23日）
作　者：Simon Jeffery、Paul Scruton、Chris Fenn、Paul Torpey、Cath Levett、Pablo Gutiérrez

从中东阿拉伯之春到叙利亚内战，穆斯林难民为了远离战争冲突、经济压力，纷纷逃向欧洲的德国、瑞典、英国和法国等富裕国家。从2015年起，欧洲移民问题随着大量叙利亚难民的涌入而集中爆发。据联合国统计，截至2015年底，超过50万人口涌入了这些国家，各个国家接收政策的变化，也带来了许多政治外交问题。

《卫报》的《欧洲难民危机——2015年视觉导览》这个作品以文字和信息图穿插的方式，绘制了逃难的几条路线和现状。从图4.11中可以看到，因为匈牙利封锁了国境线，难民们不得不寻找其他路线，而克罗地亚开放了和塞尔维亚的交界线，有近2.5万人抵达了克罗地亚，打算穿越斯洛文尼亚前往奥地利。从图4.12中可以看到逃亡各个国家的人口总数，以及逃亡人口占该国总人口的比例。比如，虽然逃亡到卢森堡的难民只有几百人，但卢森堡国家小人口少，这几百人口所占的比例就很高，每一万人中就有11位难民，所以给该国的政治经济带来了不少的压力。

前一章提到，自2013年始，许多网站开始改版，以适应多屏的趋势。《卫报》在改版[①]之后，全网站都是响应式的，随着屏幕尺寸变化，所有的网站元素都会相应变化以适应屏宽。仔细留心这个作品，不难看到其背景地图中并不包含文字说明，为了使读者看清，文字说明都是使用的独立的HTML元素，当屏幕变窄变小后，文字会相应地调节到图片下方（见图4.13）；树图也是，小的国家只用3个字母的缩写代替，隐去数字，太小的国家就干脆隐藏了名字，去掉了不必要的细节（见图4.14）。

① 《卫报》的Github页面上开源了其所有的前端代码，后端主要语言是Scala和Node.JS，前端用了React框架，还将Grunt等工具部署在AWS云端，具体可以查看其README文件：https://github.com/guardian/frontend.

图4.11　难民去往欧洲的逃难路线

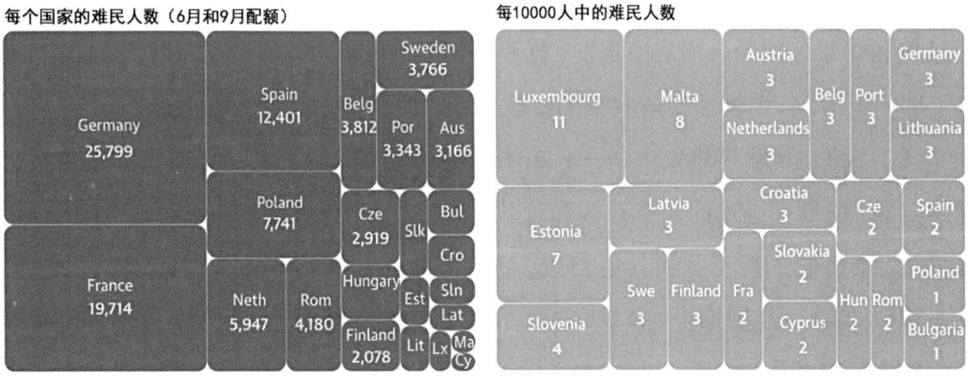


图4.12　难民的人口分布

1边境关闭，移民从克罗地亚转移到斯洛文尼亚

2克罗地亚与塞尔维亚开放边境后，多达2.5万人抵达克罗地亚

3尽管在斯洛文尼亚登记时出现延误，进入奥地利的过境点仍在继续

图4.13　适配手机端的作品变形（逃难路线）

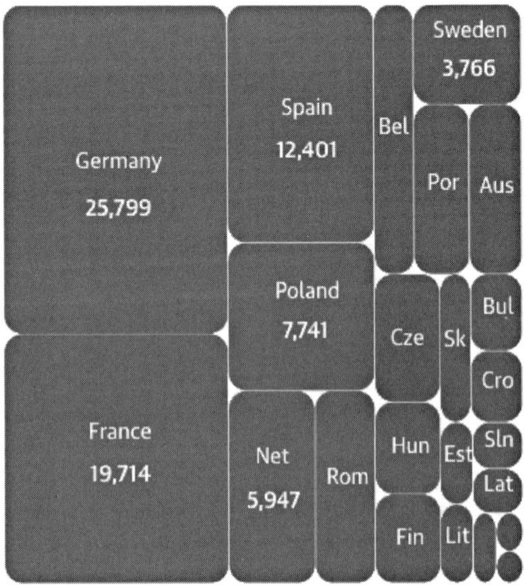


图4.14　适配手机端的作品变形（人口分布）

值得注意的是，欧洲媒体在报道中使用的不是“难民危机”（Refugee Crisis），而是“移民危机”（Migration Crisis），因为外来者虽然同样是战乱和恐怖主义的受害者，但是有些人是直接的战争难民，有些是受战争影响的经济移民，欧盟也希望将二者做一个区分，许多不符合避难条件的非法移民将被遣往其他国家或返回各自的国家。

德国媒体*Zeit Online*也做了一个交互图，解释什么样的难民申请者会被遣返、被遣往的国家以及这些遣送航班将会消耗欧盟纳税人多少费用等（见图4.15）。从作品中可以看到，许多遣送航班往往配备了比难民（下方方格）更多的工作人员（上方方格）。《纽约时报》也做了一个涵盖全球的难民飞行路线图，可以看到全球的难民移动特征，显示了近四百万叙利亚难民是如何被安置到世界各国的。

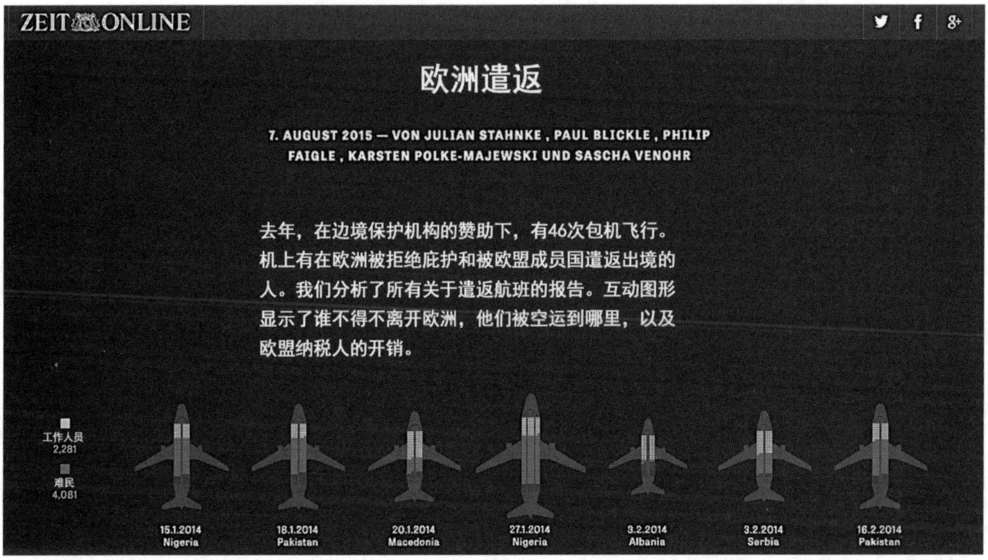


图4.15 *Zeit Online*作品*Europe deporting*展现难民申请者被遣送情况

随着社交媒体信息一步步改变用户的阅读习惯，读者对长篇报道（long form journalism）的兴趣逐渐下降。这种图文结合的讲述方式近几年越来越流行，各家媒体都有自己的信息图表团队，配合文字记者生动地讲述故事。相比复杂的交互数据新闻作品，这种信息图的呈现非常迅速，开发成本也小得多，却能更好地引起读者的兴趣。许多新闻编辑室会开发自己的工具、插件、模板，方便数据新闻记者乃至文字记者使用，他们只需要拖曳文字到相应的地图、图表上，就可以很快地做出信息图。

## 媒体档案

FiveThirtyEight，简称538，网站名字来源于美国选举人团的重要数字（一共有538张选举人票，谁先获得大半，即270张，谁就获得大选胜利），是Nate Silver的个人博客。后来网站开始专注于政治、经济、体育等方面的民调数据，2010年起挂牌在《纽约时报》旗下，2013年7月转投ESPN，并逐步扩大了编辑团队和影响力。

FiveThityEight的成名源自Nate Silver对2008年大选的成功预测，如今，各种政界选举时，其团队都会做一些模型分析，许多媒体会引用他们的结果，或者将他们的结果作为衡量标准之一。他们对体育赛事的预测也相当成功，不管是对NBA还是对MLB赛事的预测，都有不少优秀的作品。编辑团队也致力于向大众普及一些统计和数学模型的常识，在网站的科学版块下，读者经常可以看到精彩的、以深入浅出的方式解释社科问题的文章。比如2015年8月的一篇长文“Science Isn't Broken”对大众质疑的学术界同行评审（Peer Review）进行了分析，文章中有一个有趣的交互作品，调侃了社科研究人员对政治数据的定量分析，这类分析通过改变输入条件来得到统计学假设检验p值，并据此发表并不严谨的文章。

FiveThityEight是许多读者一想到预测分析就会去查看的网站，它现在也逐步将自己的源数据和分析方法开源在Github上。

## 数据百科

1.联合国公开数据索引入口 UN Data

http://data.un.org

联合国官方的公开数据搜索入口，提供教育、犯罪、环境等话题的数据库，也提供以国家为类别的、覆盖超过34个数据库的近6000万条数据。它还提供REST API接口，支持JSON类型的数据。

2.联合国难民事务署数据库

http://www.unhcr.org/pages/49c3646c4d6.html

3.欧盟边境管理署

http://frontex.europa.eu/

4.IPUMS

https: //www.ipums.org/

美国明尼苏达大学Minnesota Population Center维护的一个免费数据库，让研究人员、记者更容易下载微观的人口普查数据。

5.Data USA

http: //datausa.io/

2016年德勤、MIT Media Lab、Datawheel合作的公开数据项目，汇总了美国六七个普查数据库，将信息以更简洁直观的方式提供给读者，网站还有数据API、交互地图查询、交互图片插入等功能。

## 延伸阅读

1.“美国大选”：一场媒体可视化盛宴

http: //www.woshipm.com/data-analysis/442727.html

2.美国大选观察 | 新闻媒体的图表大混战

https: //www.sohu.com/a/429499747_260616

## 思考题

1.注册一个Github账号，在上面关注一个数据新闻名家。

# Chapter 5
# 第五章 自然灾害

- 挖掘中国旱涝灾害历史
- 开创“雪崩式”叙事方法的先河
- 正视数据和建模的重要性
- 预测分析灾难，曝光问题数据，承担公共服务
- 媒体档案

探索大自然是人类文明进程中永恒的主题。从远古时代的刀耕火种，到现代文明的人工智能，人类对大自然一直进行着不懈的思考和探究，灾难也是人类文明一直面对的主题。在洪水、雪灾、地震、飓风、海啸这些自然灾害面前，人类虽然显得渺小，但与灾难不断抗争的决心以及对自然强烈的好奇心促使人类不断进步。随着信息时代的发展，新的监测技术、预测模型帮助人类理解这些未知的自然力量，并为日后的预报、防御工作积累经验。而新的数据、模型、理论，也被敏锐的新闻媒体所采用，使得它们对自然灾害的报道不断推陈出新。

## 挖掘中国旱涝灾害历史

案例名：中国旱涝五百年（1470—2018年）

媒　体：中国天气网、国家气候中心（作者及发表时间不详）

近年来频繁出现的洪涝与旱灾，让人产生疑问：在中国的历史上，是否也存在着这样的旱涝灾害？

中国天气网和国家气候中心在回答这个问题方面有着得天独厚的优势——它们掌握了重要的气候资料。在这则获得2020年中国数据内容大赛“最佳数据内容”银奖的作品中，这两家官方机构以生动的可视化形式展现了中国从1470年到2018年的旱涝灾害情况。

作品的数据来自《中国近五百年旱涝分布图集》等历史资料，将549年来几十座主要城市的旱涝情况做了可视化的呈现。每座城市每一年的气候被分为正常、涝、大涝、旱、大旱五个类别，分别用不同的颜色呈现在地图上，再通过时间轴动态演进，就产生了一幅仿佛星星闪烁的动态地图。地图下方的时间线推进时，还会在一些重要的时间节点上跳出文字说明，介绍历史上发生的重要气候事件。

其动态可视化展示的信息一目了然，但它是用动图的形式呈现的，无法实现由读者自行探索的交互。而后半部分的一幅热力图则弥补了这个缺憾。作者将所有的信息点都呈现在这幅热力图上，横轴表示时间，纵轴表示城市。从图中可以一目了然地发现两个现象：第一，近年的旱涝灾害确实要比历史上更多，这可能与世界整体的气候变化有关；第二，的确存在着每几十年一次的旱涝周期，这从图中一些间距基本相等的红色垂直线段就可以看出。由于这个密集的热力图无法很好地呈现在纸质书籍中，感兴趣的朋友可以自行在网络上搜索“中国旱涝五百年”查看。

当然，仅用五种类别来概括每年的气候情况，其实非常粗略。因此，作品又特别选取了1950—2017年的洪涝灾情和旱灾情，以折线图的形式展现历年的受灾情况。从洪涝灾情的折线图中，我们就能看出：1992年和1998年的洪水的确可以称得上是“五十年一遇”乃至“百年一遇”的水平（见图5.1）。

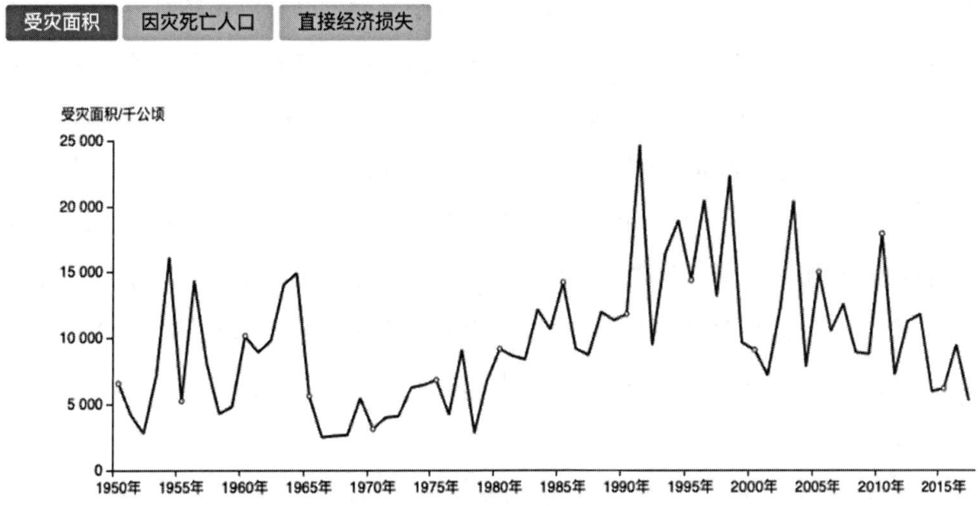


图5.1 用折线图展示的1950—2017年洪涝灾情统计

此外，作品的最后部分还加入了科普性质的内容，以季风和地形因素为切入点，解释旱涝天气的成因。

总的来看，这是一个难能可贵的依靠发掘史料数据制作的可视化作品。它充分利用多种图表形式，达到了信息传递和科学普及的效果。

## 开创"雪崩式"叙事方法的先河

案例名:《雪崩》("Snow Fall")

媒　体:《纽约时报》(发表时间不详)

作　者:John Branch

2012年《纽约时报》的《雪崩》项目毋庸置疑是传统媒体在新媒体创新上的一个里程碑。项目上线的第一周,就获得了超过350万次的点击量。该项目几乎赢得了2012年度的所有新闻大奖——普利策奖、Webby奖、Peabody奖[①]、Emmy奖、ONA网络新闻奖[②]、SND[③]金奖等。表面上看,《雪崩》似乎并不属于数据新闻的范畴,但它的制作其实是一个数据挖掘的过程。它颠覆了读者对传统长篇文章的阅读体验、对新闻网站的多媒体交互体验,也改变了新闻编辑室内部记者编辑们对内容载体的看法,它在设计上的创新也不断被各种数据新闻作品借鉴。

《雪崩》以视频、图片、动画、数字地面模型(digital elevation model)以及文字融合的形式,讲述了16名滑雪爱好者遭遇雪崩、3人在雪崩中不幸丧生的故事(见图5.2)。该项目的文字部分大约15 000字,由普利策新闻奖获奖记者John Branch撰写,他在采访时力图还原事件的点滴细节,这种叙事特色也为多媒体元素的插入交互提供了空间。

在项目的制作前期,编辑团队通过数据扒取和挖掘找到相关的关键词,分析出读者的关注程度、对科学事件的盲点,这些都为选题的策划和构思提供了很好的方向。

---

① Peabody Awards:皮博迪奖,又被称作美国广播电视文化成就奖,是广播媒体界的普利策新闻奖。

② ONA (Online News Association),网络新闻协会是全球最大的网络新闻和数字媒体领域的组织,有2000多名成员。ONA的宗旨是激励数字媒体记者不断创新、追求卓越,以更好地服务大众。ONA为探索新鲜事物(the new)和新闻(the news)之间的碰撞做出了很多努力。网络新闻评选(Online Journalism Awards)是业界指标性的奖项,除了评选优秀的网络新闻报道、新闻设计,还会评选出有创新性、深度性的团队。官网:http://journalists.org.

③ SND (Society for News Design),国际新闻设计协会成立于1979年,是一个在美国注册的非营利性国际组织,有大约1500名成员。SND旨在促进新闻领域中版面设计、网页设计、可视化设计以及交互设计等方面的交流。每年举办的Best of Digital Design和Malofiej等比赛都是业界最受关注和最具含金量的奖项之一。官网:http://www.snd.org.

图5.2　《雪崩》首页

在这个项目中，有些视频被用来还原场景，它来自事故当事人的一手资料；另有多处全景视频被用来渲染气氛。讲述到雪崩发生、滑雪者逃生时，它会播放相应全真模拟动画，还配有隆隆的滚雪声（见图5.3）。整个故事缓缓道来、多媒体元素呼之欲出、科学解释浅显易懂，代入感十足。

图5.3　实时雪崩模拟视频

虽然制作模拟动画耗时耗力，但不可否认，在描述自然灾害场景时动画的确有一帧道千言的力量。《纽约时报》在另一幅描述西半球史上最强热带气旋飓风 Patricia 的作品中，曾用洋流状的动态地图描述飓风的彪悍，令人印象深刻（见图5.4）。

名词解释

视差滚动（Parallax Scrolling）：一种计算机图形学的技术，应用在网页设计中时，通过构建前景图片和背景图片之间的位移差，给2D场景添加了景深，造成了动态的感觉。提倡者认为视差滚动增强了用户体验，也有反对者认为它除了有趣，没有给用户提供更多的信息，反而容易破坏整体网页的浏览体验。

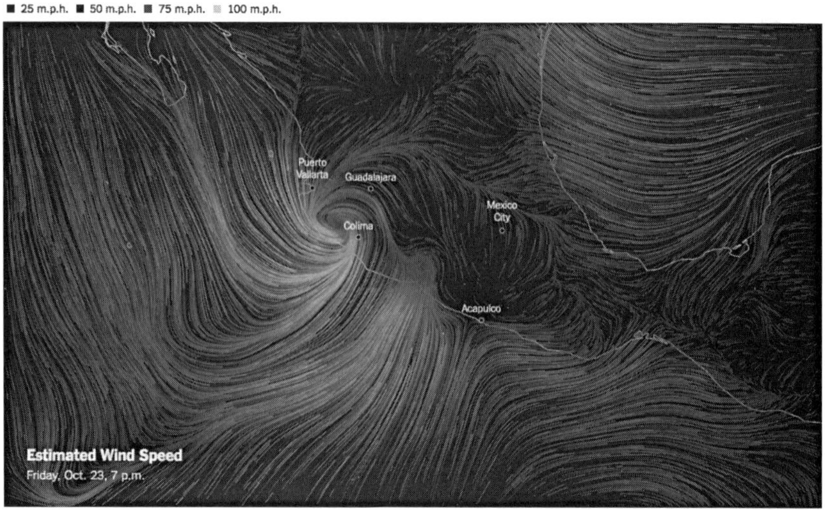


图5.4 飓风Patricia的模拟可视化

自《雪崩》上线以来，“雪崩”成了媒体圈的一个流行词。有人开玩笑说：经常在编辑室听到记者们请求做一个“雪崩式”的网页，许多媒体也纷纷推出自己的“雪崩式”作品，其中比较有名的作品包括《国家地理》杂志的作品“Killing Kennedy”、BBC的作品“The Reykjavik Confessions”、ESPN的作品“The Long, Strange Trip of Dock Ellis”，以及《纽约时报》的另外一个项目“The Jockey”。它也使得视差滚动和网页全景视频一时风靡设计圈，现在许多网站和小项目也仍然使用这种别致的设计方法。

《纽约时报》不仅仅在《雪崩》这一则作品中强调了这种浸入式的新闻体验，而且在2014年的网站大改版中，极力地宣扬了这个理念。减去多余的视觉干扰元素，增加视频、多媒体，取消分页，鼓励用户交互，新版网站让读者将注意力集中于故事本身，从而获得更好的阅读体验。

但是，《雪崩》的喧嚣过后，业界最大的质疑是，将大量人力物力投入一个事件中，是否值得？这种成本高昂的多媒体形式真的可持续发展吗？在2015年的NICAR大会上，*Atlanta Journal Constitution*的数据新闻记者Ashlyn Still在演讲中也讨论了记者们是否真的需要绚丽的外观来包装一个新闻故事。许多新闻故事，记者们不可能像《雪崩》团队一样花6个月时间精心制作，而有些工具可以帮助有这种需求的记者，缩短多媒体交互故事的制作时间，快速推出可嵌在网站或博客的多媒体项目，比如Silk.co，还有基于地图的SotryMap.JS，基于时间轴的Timeline.JS。

近年，在各种数据新闻大会上，大家越来重视新闻应用开发的效率，除了多利用开源平台、工具，如何挖掘潮流和趋势、戳中读者的关注点，也是数据新闻从业者的必备技能之一。

## 正视数据和建模的重要性

交互视频、模拟仿真、可视化——形形色色的多媒体资源虽然极大地补充了新闻内容的多样性，但是好的数据新闻作品离不开核心的数据二字。疏忽的数据处理、不合理的模型、程序的漏洞，都会导致错误的结论，传达错误的信息。有时候，读者很难看到间接结论背后数据或模型的谬误，因而，需要编辑和记者们提高自己的数据素养。

案例名：《地震地图应该长这样》（“What Earthquake Maps Should Really Look Like”）

媒　体：《国家地理》（2015年10月3日）

作　者：Gabe Bullard、Chiqui Esteban、John Tomanio

《国家地理》的《地震地图应该长这样》这幅作品很短小，但意义非常深远。作品开篇提出一个问题：8级的地震比4级的地震要强多少？答案并不是简单的“两倍”——实际上，8级地震释放的能量几乎是4级地震的一百万倍。这是因为在描述地震的强度时，现代普遍采用的是矩震级单位[①]，而矩震级是一个综合指数。因此，在地图上呈现地震的强度时，用线性比例来标记显然是错误的。许多新闻媒体在地震灾害的信息图或者交互图上，在震级的标注图例上常常会犯这样的错误。

随着各家媒体的数据新闻团队逐渐成熟壮大，记者、编辑们对自己以及同行

① 矩震级（Moment Magnitude Scale, MW），现代地震学者普遍认为这些传统的里氏震级（Richter Scale）表示方法已经过时，转而采用一种物理含义更为丰富、更能直接反映地震过程物理实质的表示方法，即矩震级。

都提出了更高的要求，《纽约时报》前高级软件架构师Jacob Harris在Open News Source网站上撰文[①]，以Buzzfeed[②]一篇很火的文章《网络色情在"红"州和"蓝"州的消费比较》为例，讨论常见于媒体作品的六种数据使用错误（可以对照回顾本书第二章的内容）：

·草率拟代（sloppy proxies）——使用没有足够代表性的抽样样本；

·粗暴的二分法（dichotomizing）——非黑即白的结论；

·相关即因果的推论（correlation does not equal causation）——两件事情有相关性，并不意味着它们之间一定有因果关系；

·区群谬误（ecological inference）——以全概偏，以群体统计数据推断个体属性；

·无用的地理编码（geocoding）——将无效地理编码解码成某个特定点；

·数据想当然（data naivete）——只相信表象数字，不深究来源或成因。

Harris的担忧不无道理，有时候记者们迫于截稿压力，匆匆忙忙地分析数据，编辑们或来不及，或没有成熟的工具、足够的经验进行校验。为了避免这些问题，他提出了一些可行的建议：

·怀疑数据——量化数据和准确地描述数据一样重要[③]；

·怀疑动机——不要轻信提供数据的机构；

·挖掘问题——像程序员培养识别糟糕代码的能力一样，培养识别糟糕数据的嗅觉；

·学习统计——学习基本统计常识[④]。

除了Harris，其他业界人士也不断强调数据的重要性。Jonathan Stray在*Source*上的News Apps Essentials系列中的一篇文章里探讨了如何做出统计上令人信服的数

---

① Disrupt Your Data [EB/OL]. (2014-05-08). https: //source.opennews.org/en-US/learning/distrust-your-data.

② Buzzfeed，美国的一间网络新闻媒体公司，最初是一间研究网络热门话题的实验室（viral lab），在网络上非常流行，但是也引起了很多争议，支持者认为其快捷有趣的文章风格颠覆了传统媒体，批评者认为其文章低俗，靠噱头赚取点击量。

③ Harris推荐了O'Reilly的一本免费电子书，On being a data skeptic [EB/OL]. (2013-10-10) [2015-01-21]. http: //radar.oreilly.com/2013/10/on-being-a-data-skeptic.html.

④ Harris推荐了Nathan Yau的文章。YAU.Think like a statistician-without the math [EB/OL]. (2010-03-04) [2015-01-21]. http: //flowingdata.com/2010/03/04/think-like-a-statistician-without-the-math.

据新闻作品①；Alberto Cairo②在Nieman Lab网站③上提出，数据新闻需要更高的行业标准，对数据记者提出了几点要求；在*Quartz*发布了自己的*Guide to Bad Data*④，这本手册详尽地列举并描述了在利用数据工作时可能遇到的情况，并给出了相应的处理建议；Knight Foundation资助的Data Proofer项目⑤，可自动帮助用户检查数据中常见或可能的错误。

案例名：《是什么导致了全球变暖？》（“What’s Really Warming the World?”）

媒 体：彭博社（2015年6月24日）

作 者：Eric Roston、Blacki Migliozzi

对于一个数据新闻项目来说，如何既保证数据和模型的精准又能把故事讲得浅显易懂呢？

彭博社的《是什么导致了全球变暖？》这个案例就很好地兼顾了两者，它以简单通俗的叠加趋势图解答全球变暖效应背后的真正原因。开篇提到，从1880年到2014年，地球平均温度上升了约1.4华氏度（约0.7摄氏度），但自然变化、人为因素都有可能造成变暖，所以在这个项目上，作者们根据美国太空总署戈达德太空研究所（NASA Goddard Institute）的研究结果，将可能因素逐个进行模拟。

随着鼠标向下滑动，可以看到几个大众常见的怀疑因素——地球运转轨道、太阳、火山、土地使用、臭氧、气溶胶、温室气体——125年变化拟合曲线。可以看到，前三项自然因素对气候变暖的影响微乎其微，而人类影响因素中，臭氧影响很小，土地使用和气溶胶只会导致相反的效应。如今，大气中的二氧化碳含量比

① STAY.Drawing conclusions from data［EB/OL］.［2014-08-09］.https: //source.opennews.org/en-US/learning/statistically-sound-data-journalism.参阅其系列文章：https: //source.opennews.org/en-US/guides/news-apps-essentials.

② Alberto Cairo，数据可视化专家，迈阿密大学的Knight Chair，著有两本讲述数据可视化的书：*The Functional Art*和*The Truthful Art*，博客：http: //www.thefunctionalart.com.

③ CAIRO.Data journalism needs to up its own standards［EB/OL］.［2014-08-09］.http: //www.niemanlab.org/2014/07/alberto-cairo-data-journalism-needs-to-up-its-own-standards.

④ The Quartz guide to bad data［EB/OL］.［2014-08-11］.https: //github.com/Quartz/bad-data-guide; 坏数据手册［EB/OL］.［2014-08-11］.https: //github.com/djchina/bad-data-guide-cn.

⑤ Data Proofer项目的Github开源链接：https: //github.com/dataproofer/Dataproofer.

1750年高出了40%。如果将七种因素加在一起，我们就会发现，人为因素对温度的影响与全球升温的趋势几乎是一致的，温室气体排放就是全球变暖的罪魁祸首。(见图5.5)

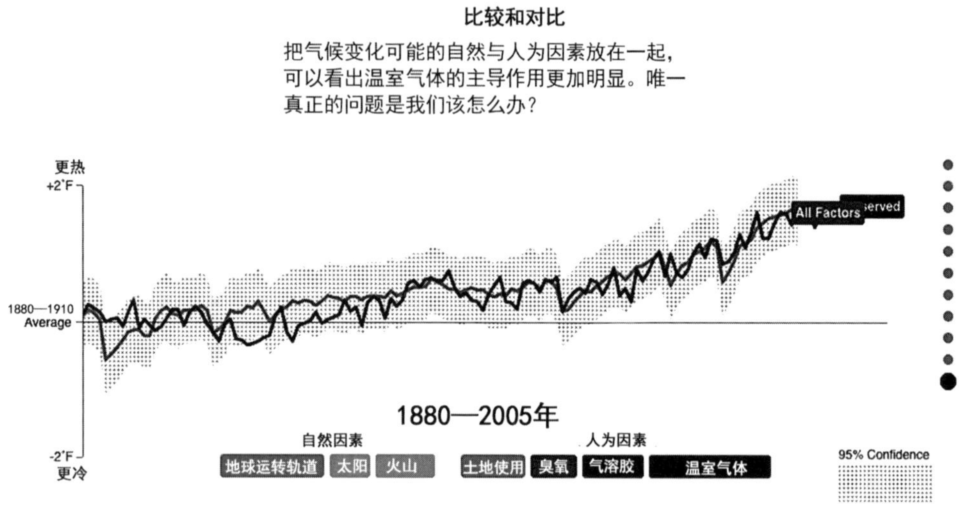


图5.5 全球变暖模型解释最后拟合图

读者读到这里可能只需要三到五分钟，模型和结论就简单明了，当然也有一些严谨的读者会认为相关性不导致因果，或者认为结论太主观，所以项目的作者们在最后一部分，详细地解释了方法论、NASA的模型、曲线的含义、拟合数据的置信区间以及源数据等。

著名的数据新闻/可视化播客Data Stories[①] 在2015年8月份对这个项目的主创人员Eric Roston和Blacki Migliozzi进行了采访。两人各有所长，Eric是科学作家，而Blacki是交互图形设计师，他们讲述了项目制作背后的故事。在播客中他们讲到如何和NASA的科学家互动，如何将复杂的科学研究转述成易读却又不简单的故事，也提到如何将经典的儿童读物*Where's Spot*中的内容转换为简单可视的作品。

优秀的数据新闻故事，需要记者们像科学家一样严谨地对待数据、模型，也需要记者们运用高超的故事讲述技巧，有时候是文字上的，有时候是视觉上的，更多时候两者皆需。

① Data Stories，由Enrico Bertini和Moritz Stefaner主持的播客节目，关注数据可视化，经常会邀请数据新闻记者，其网址提供各种渠道的订阅：http: //datastori.es.

## 预测分析灾难，曝光问题数据，承担公共服务

无论是雪崩、地震、飓风、干旱，还是其他自然灾害，媒体如果能够利用数据和模型进行预测分析，承担起公共服务的角色，那么这对于民众来说，无疑是一大福祉。与此同时，一些政府的数据库或者预测模型年久失修，数据记者们的挖掘曝光起到了监督的作用。

案例名：《火灾预测》（“Fire Forecast”）
媒　体：美国国家公共广播电台（NPR）（2013年3月15日）
作　者：Matt Stiles、Stephanie D'Otreppe、Chris Groskopf、Jeremy Bowers、Brian Boyer

受温室效应的影响，近些年来美国的干旱天气不断加剧。西部和西南部的持续干燥和炎热，导致这里在夏季经常发生山火，这引起了越来越多州政府林业部门的担忧。科罗拉多、加利福尼亚、爱达荷、内华达等州的降水量逐年降低，一旦引发山火，严重的干旱和大风天气极有可能导致山火蔓延成大规模的火海。许多居住在西南区的居民，会将家安置在毗邻林地的幽静郊区，然而这些地区很有可能就是森林火灾的隐患区。

《纽约时报》在2014年的一幅作品“Mapping the Spread of Drought Across the U.S.”中，绘制了过去十多年的干旱情况。两种不同的追踪指数结果显示，美国正在经历史上最长的干旱期。一方面，几十年以来实施的禁火政策，导致枯木堆积过多；另一方面，美国的森林越来越茂密，在NPR这则作品的音频文字系列报道[①]中，受访的Santa Fe美国国家森林护林员表示：现在每平方公里大约有22 000棵树，比欧洲移民者最初到来时多出20多倍。这些因素都大大提高了山火的危险指数。

NPR的《火灾预测》这个作品，将USFS（U.S. Forest Service）每天更新的危险指数数据和联邦政府每两小时更新的火灾数据映射在一张可缩放地图上，用户可以缩放到自己居住的区域，查看数据情况（见图5.6）。这个作品的可视地图是火灾、温度

① 音频文字系列共包含五部分，STILES B. Megafires: the new normal in the southwest [EB/OL]. [2014-08-15] .http: //www.npr.org/series/158936457/megafires-the-new-normal-in-the-southwest.

等自然气象报道中常会用到的热力图。在制作时，创作团队在服务器端用脚本生成Shp类型的地图文件，再在服务器上用TileMill进行绘色处理，最后再上传到MapBox上渲染，作品所有的源代码[①]都开源在NPR的官方Github上，供免费下载。

图5.6　火灾预测热力图（局部）

这个作品的创作团队是NPR的Visual Team，作为主创者的数据编辑Matt Stiles[②]和Brian Boyer[③]在业界也非常有名，经常在各种大会上看到他们的身影。它是在2013年推出的，如果结合移动端的推送，无疑能更好地服务于公众。从数据的角度来说，作品并没有做更多的挖掘，而ProPublica网站在2012年对超级飓风Sandy的系列调查中，却发现了更多的问题。

案例名：《政府地图有没有很好地预测桑迪飓风带来的洪涝？》（“How Well Did FEMA’s Maps Predict Sandy’s Flooding?”）

媒　体：ProPublica（2013年12月6日）

作　者：Al Shaw

2012年，飓风Sandy覆盖的范围之大史无前例，给美国带来的经济损失高达上

① 火灾预测项目源代码：https: //github.com/nprapps/us-wildfires.

② Matt Stiles，最早一批的数据新闻记者，曾在《华尔街日报》、NPR创作了一批优秀的数据新闻作品，个人网站：http: //thedailyviz.com.

③ Brian Boyer，最早是《芝加哥论坛报》的数据应用团队的负责人，2012年去了NPR，负责数据新闻应用。

亿美元。这个数字之所以令人咋舌，主要是因为飓风带来的洪水严重损毁了纽约地铁和公路隧道，纽约地区多个地方的大停电也造成了严重的商业损失，近万户家庭和商业业主因为政府洪水地图的标记失误，受到了极大的预计之外的个人损失。

美国联邦政府紧急事务管理所（Federal Emergency Management Agency，简称FEMA）会根据自己的数据模型预测各地的洪水危害指数，房地产开发商会把这份危害指数地图作为重要参考，个人和商业业主也会据此购买房地产和相应的保险。错误的标记会导致开发商在高风险地区建设楼盘或者采取错误的防灾措施，也会导致民众购买的水灾保险不充足，在危机发生时产生大笔的维修金。

FEMA的危害指数地图最早绘于20世纪80年代，自那之后，州、市政府一直督促FEMA使用新的技术和模型进行重绘，但是它置若罔闻。在记者的质疑声中，FEMA的一位发言人证实，自20世纪00年代中期后，他们的团队就没有更新过数据库，因此对更新最早的洪水地图也无从下手。在飓风过后，FEMA迫于压力于2013年开始不断更新地图。

ProPublica的《政府地图有没有很好地预测桑迪飓风带来的洪涝？》这幅作品，就将FEMA的预测与实际遭到飓风Sandy带来的洪水淹没的地区数据进行了比对，可以看到：预测在大多数城市都不尽如人意，红色标记显示两个城市的预测准确率只有30%左右，黄色标记显示7个城市的预测准确率低于80%，只有7个城市的预测准确率达到了80%及以上。在ProPublica和WNYC合作的这一系列报道中，它们用地图显示了这个预测的偏差。可以看到：实际爆发洪水的蓝色地区有很多都不在预测的范围之内（见图5.7）。黑白图中的不同颜色显示为不同的灰度。

在这个系列的图形报道中，ProPublica在FEMA更新了部分洪水地图之后，还跟踪了政府根据新地图进行灾后重建的开销情况，读者可以从中看到政府提供了近七亿美元的贷款，文字记者们在这个系列中也做了许多跟踪报道。

在这个案例中，数据的展示和挖掘并不复杂，但是它的呈现让公众更直观地看到了这个问题，一方面保障了民众的利益和安全，另一方面督促公共部门在对公开数据的透明度和准确性方面做出更多的努力，推出新的立法和政策变革。这是利用数据新闻进行调查监督报道的一个绝佳案例。

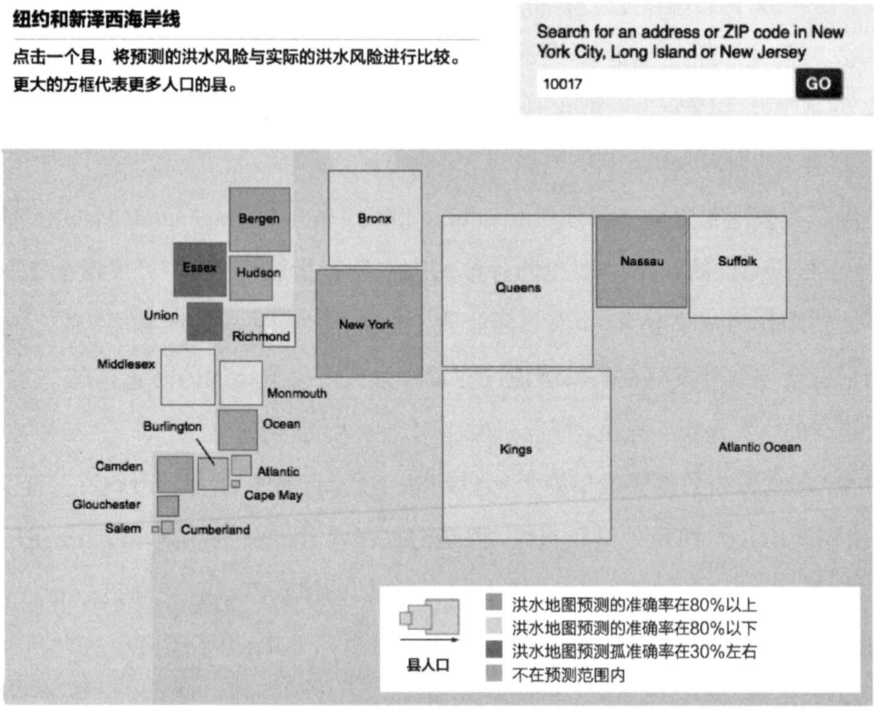


图5.7 FEMA对超级飓风Sandy的预测偏差

## 媒体档案

《纽约时报》作为美国老牌纸媒，每日发行量超过180万份，周末版更是多达230余万份。它见证、记录着百余年世界历史，几度濒临破产又起死回生。就是这样一个由于风格古典而被戏称为“Gray Lady” 的传统纸媒，却一直站在新闻报道的前沿，不断推动着报道创新。

近年来，《纽约时报》可视化数据新闻报道不断获奖，内容涉及社会、政治、经济等各方面，从Facebook IPO到奥巴马财政计划，从历年大选地图的创新到如何赢得奥运会比赛，从雪崩的多媒体创新到三维经济预测曲面图的尝试，《纽约时报》不断突破传统媒体的界限，给业界树立了一个个新标杆。2013年底，它开创了两个“编辑室创业”团队，其中一个就是大名鼎鼎的数据新闻栏目The Upshot，时任行政总编的Jill Abramson在对员工公开信中提到，David Leonhardt将出任执行编辑，他们希望这个创作团队能够成为连接数据和新闻的纽带，在经济、政治、教育和体育运动等领域中做出更清晰的分析报道。自2014年5月上线以来，The Upshot也不负众望，推出了一个个既新颖又丰富的数据新闻作品。

在移动转型的变革中，《纽约时报》也毫不逊色，新闻产业分析专家 Ken Doctor 认为《纽约时报》一直是他眼中移动化转型最为成功的媒体，他在尼曼实验室发表的一篇和《纽约时报》图形设计总监Steve Duenes的对话中提到，在移动优先（mobile-first）的大势下，图形设计部门也在转变，其团队开发了一些工作模式以便作品优美地呈现在电脑桌面的同时也能迅速地在手机上呈现。

《纽约时报》也一直站在科技的最前沿。2013年Google Glass刚推出时，它就成立了一个小组，试验性地推出了眼镜版的应用；体感遥控器Leap Motion还在试验阶段时，它就推出了自己的应用，用户可以通过手势阅读文章、翻页滑动等。2015年Facebook上线媒体合作平台Instant Articles时，《纽约时报》也是最先入驻的媒体之一；2016年虚拟现实（Virtual Reality）热浪袭来之时，它又给订阅读者派送了Google Cardboard，用户戴上就可以阅读虚拟现实式的新闻内容，还开设了NYTVR版块，让用户在虚拟现场体验欧洲难民危机、巴黎爆炸和美国大选的情景。同样在2016年，Facebook刚引入视频直播Facebook Live时，《纽约时报》就成为在这个项目上投入精力最多的媒体之一，并且任命Louise Story带领一个新的团队负责这块业务。

《纽约时报》旗下的研发实验室（R&D Lab）也在数据可视化、机器学习、艺术装置上做了不少尝试。比如2014年的Listening Table项目，就是一张智能会议桌，它可以自动记录记者编辑们的会议发言、手势信息等，还支持手机应用查阅检索等。2015年它通过机器学习算法，尝试给所有的文章添加标签。2014年时，《纽约时报》还创新开设了TimeSpace孵化器，给致力于数字媒体方向的创业公司提供场地、资金和编辑资源支持。

在人才方面，《纽约时报》也是卧虎藏龙，Amanda Cox、Mike Bostock、Kevin Quealy、Shan Carter，每个人在业界都响当当，个人或是其合作的项目也都非常经典。在开源世界，《纽约时报》也毫不吝啬，在Github①上贡献了不少实用的小工具和指南。

---

① 《纽约时报》的Github主页：https://github.com/NYTimes.

## 数据百科

1.美国国家气象数据中心

http: //www.ncdc.noaa.gov

2.美国国家干旱缓解中心

http: //drought.unl.edu

## 延伸阅读

1.普利策新闻奖获奖作品《雪崩》为什么引起新闻界震动?

http: //media.people.com.cn/n/2014/0714/c386273-25279769.html

2.暴雨来袭,可视化报道有哪些新“打法”?

http: //news.sina.com.cn/2016-07-12/doc-ifxtwiht3627842.shtml

3.全球300年飓风数据可视化

https: //www.sohu.com/a/120471040_472083

## 思考题

1.你认为《雪崩》是否代表未来报道的趋势?为什么?

2.本章所述“媒体作品的六种数据使用错误”,你是否能分别找到一个对应的案例?

3.你如何看待精彩故事与严谨数据之间的关系?

# Chapter 6
# 第六章　社会生活

- 以道路为切入点，展现城市脉络
- 以色彩和网络图展现“树洞”里的情感
- 以严谨信息和人文关怀追问流调信息中的隐私问题
- 以社区为单位，提供本地“黄页”服务
- 后台是复杂的数据模型，前端是简单的个人计算器
- 演变的统计地图展示医保覆盖
- 数据新闻助力深度调查报道
- 媒体档案

在“大”数据时代，能让数据新闻发挥优势的不仅是那些宏观的“大”话题，也是一些细微的、日常生活中的“小”问题。前几章中，我们已经看到数据新闻可以在政治、经济、灾害等宏观、重大的全国性新闻话题中大放异彩，其实，它在看似鸡毛蒜皮但非常重要的社会民生新闻中发挥的作用也不容小觑。而且，这一领域的数据新闻与大部分读者的衣食住行等紧密相关，也容易在特定区域、特定人群中获得更好的传播效果。具体而言，在地方的医疗服务、教育体系、交通出行等话题的报道上，数据新闻无疑也成为记者们手中的一把利器。

## 以道路为切入点，展现城市脉络

案例名：《寻路上海滩》
媒　体：作者个人网站（2019年6月19日）
作　者：蓝星宇、梁银妍、叶宵麒

如何理解和展现一座城市的肌理与脉络？道路也许是切入点之一。《寻路上海滩》这则获得2019年中国数据内容大赛“最佳数据新闻”金奖的作品，就是在梳理了上海的千百条道路信息之后，结合城市发展的历史，制作出的一则优秀的可视化作品。

以道路为切入点，自然要在地图上进行展示。作者首先提取了上海主城区（黄埔区、静安区、徐汇区、普陀区、长宁区、虹口区、杨浦区）的道路，然后按照道路的长短，赋予其不同的颜色——颜色越红，则道路越短；颜色越紫，则道路越长。在向下滚动页面的过程中，读者可以看到道路逐渐变色，而黄浦江两岸（尤其是浦西）的道路出现了大量的红色和黄色，表明那里有许多弄堂和小社区，这也是城市的烟火气所在。

作者们还在另一张地图上对道路的交会点进行了着色——颜色越红，其枢纽性质越强，四通八达；颜色越紫，则枢纽性越弱，比较封闭。从这幅图上可以看出路网是如何互相连接的。

除了展现上海市当下的繁华，作品还借用史料回顾了上海市的发展历程。作者们在地图上画出了曾经的城墙，标明了大东门、小东门、大南门、老北门、老西门等城门的位置，以及城隍庙、文庙等重要的古迹所在地。

在上海的商业发展过程中，作为移民和流动商人联络之地的会馆/公所扮演着重要的角色。因此，作者们又在地图上标注出了截至1920年同乡会馆/公所分布的位置，并且给所关联的省份设置了不同的颜色，我们可以看到福建、浙江、广东、江苏等省的商人在上海的影响力。

当然，除了来自外省的商人，外国商人也在上海的商业发展中发挥了重要作用。作者们仔细爬梳了上海的外商史料，制作出了一批放射柱状图，从射线的长短变化中，可以很方便地看到各国外商涌入上海的不同时间点——日商是在1926年和1937年前后，俄商是在1930年前后，美商则是在1945—1949年。（见图6.1）

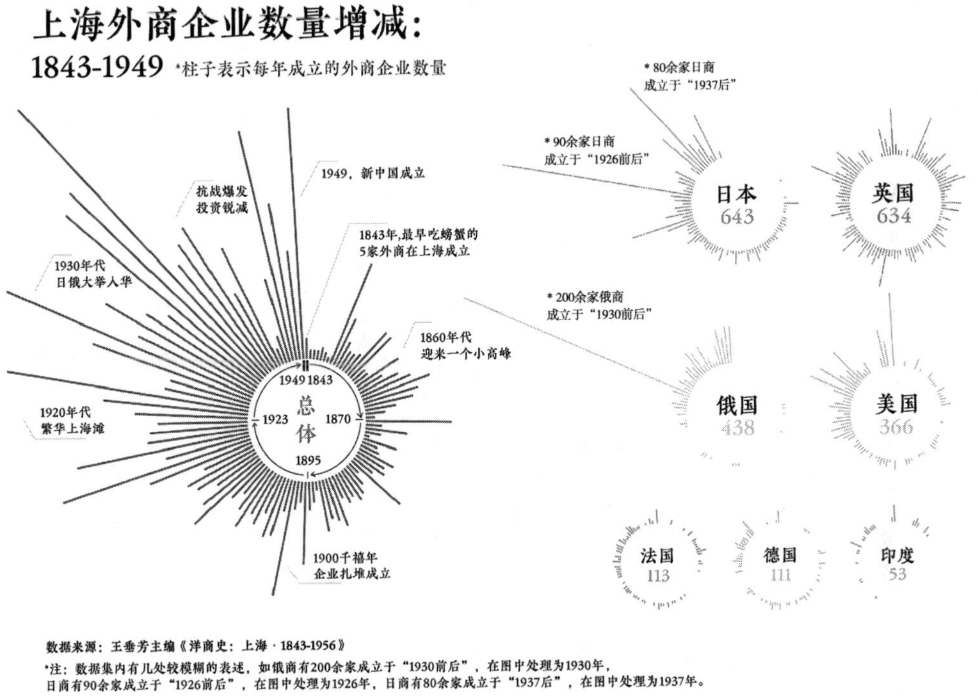


图6.1　放射柱状图展现各国外商涌入上海的时间

中国自身的工业发展在上海也有着鲜明的体现。如作者所言，1878年，李鸿章着手筹备上海机器织布局，历经10余年终于开业，成为我国第一家近代化机器棉纺织企业。可惜的是仅3年便毁于大火，但棉纺企业的超额利润已被业界渐晓，此后汇涌而来的数家企业，成为上海近代企业的中流砥柱。

作品利用时间线展现了上海十几家重点工业企业的发展历程（见图6.2），它们有的一开始便是国营，有的始自外资，有的是从中外合资开始。不同的颜色和条纹，展现了同一家企业在不同阶段的性质，共同组成了一部重要企业的改制历史（见图6.2）。而在图的右边，作者们别出心裁地用我们在第二章中介绍过的变体折线图的方式，展现了企业所有制的历时变化。需要注意的是，该图并非基于真实的数据，而是一种估计，但依然能让读者很好地掌握大致的发展历程。

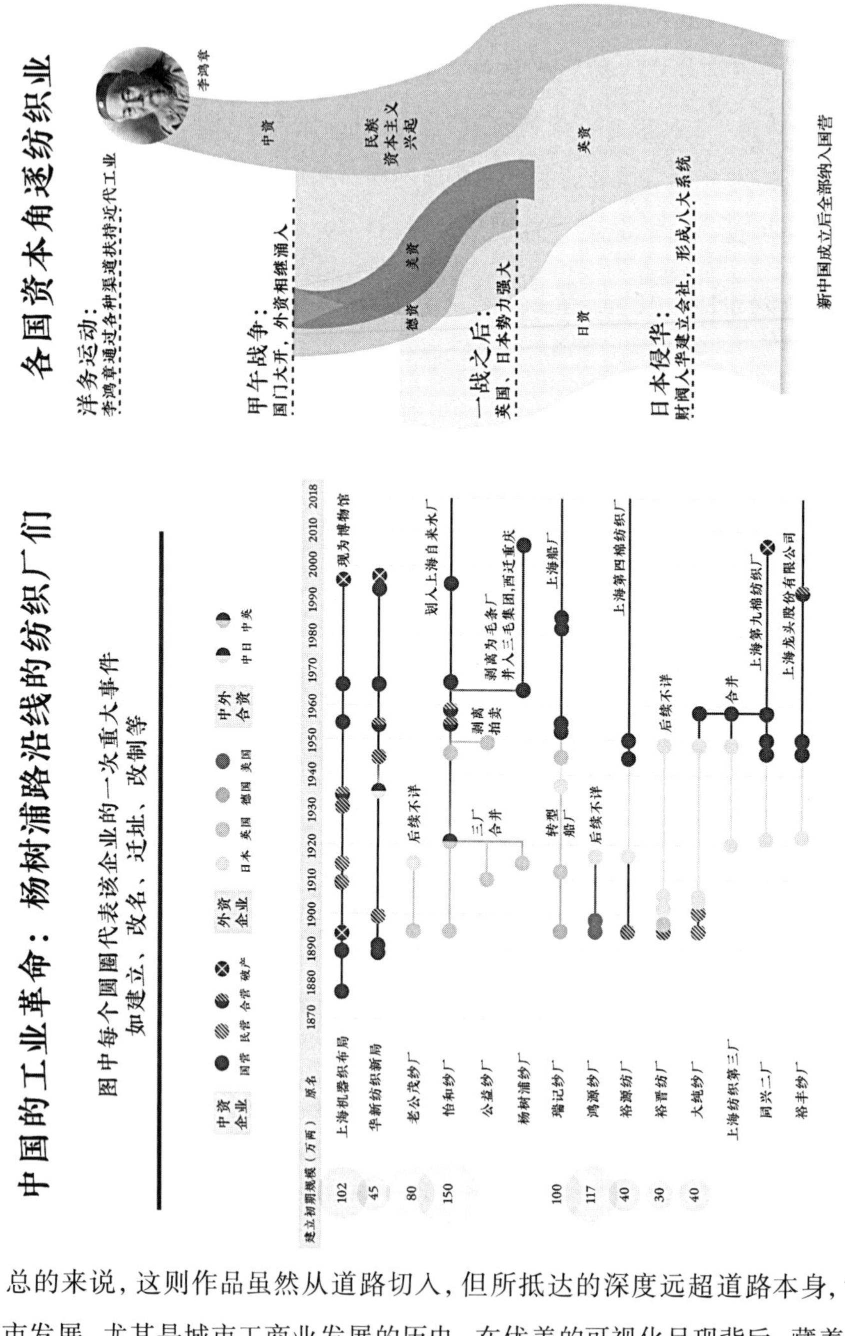

图6.2 用时间线展现上海工业企业的发展历程

总的来说，这则作品虽然从道路切入，但所抵达的深度远超道路本身，它涵盖了城市发展，尤其是城市工商业发展的历史。在优美的可视化呈现背后，藏着史料爬梳的功夫。

# 以色彩和网络图展现“树洞”里的情感

案例名：《53 027条留言背后，网络树洞里绝望者的自救与互助》

媒　体：澎湃新闻（2019年9月10日）

作　者：刘畅、王亚赛、张轶君、林艺

2012年，“90后”女大学生“走饭”因抑郁症自杀的消息在网络上引发了震动，抑郁症也引发了人们更多的关注。“走饭”在微博上记录了自己最后几年的挣扎，被许多网民看在眼里，也有很多人将她的微博当成“树洞”，在里面倾诉自己的困扰，并且展开互助。

澎湃新闻的这则作品，对“走饭”最后一年的微博（2011年4月到2012年3月）进行了情感分析，并且用灰黑色将微博中的积极情绪和消极情绪分别呈现在以月份为单位的时钟表盘上（见图6.3）。表盘的最外层用色条的形式标注了微博中经常提到

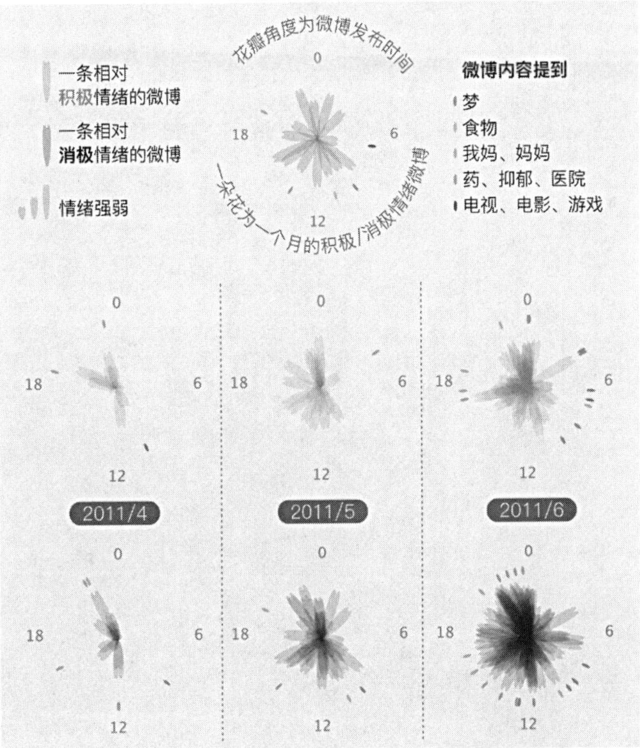


图6.3　用表盘和色彩展现微博中的积极情绪与消极情绪

的几类关键词，例如妈妈、梦、食物。从那些越来越深的黑色表盘上，我们仿佛能感受到一位抑郁症患者的挣扎。

将“走饭”的微博视为“树洞”的人群，大多也正被抑郁症或者自杀倾向所困扰。在2019年7月16日到8月16日，澎湃新闻的记者收集了“走饭”微博下的53 027条留言，发现这段时间内留言最多的人留下了1684条痕迹。从他的留言中可以看出他是一个25岁左右的男生。他的父母经常吵架。他不愿跟别人交流，也不想走出家门，所以大多时候都在上网。

澎湃新闻的记者对这5万多条留言进行了主题分析，将其中最重要的4个主题呈现在4朵花上，花瓣则是相关的关键词。例如，最大的一朵花是“谈论自己的情绪”，其中有“难过”“不开心”“累”“喜欢”“爱”“痛苦”等具体的情感表达（见图6.4）。

微博的分析，还有一个很重要的方面是分析网友之间的互动关系。那么，在“走饭”微博下面留言的网友，彼此是否也有互动呢？澎湃新闻的记者通过一幅巨大的

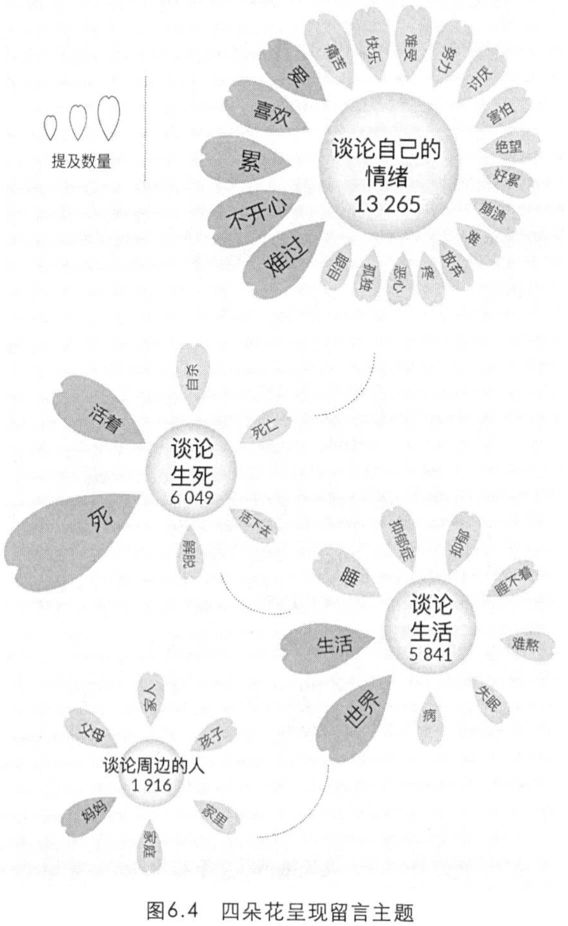


图6.4 四朵花呈现留言主题

网络关系图展现了相关情况：有不少网友没有和其他人互动，但也有不少网友之间建立起了互动关系。这些网友当中既有多次主动留言的人，也有以回复为主的人。最热心的网友在这个月里共给545位其他网友写下了905条回复。虽然有一些回复只是简单的一句“加油”或者“抱抱你”，但他的善意仍获得了一些反馈。根据记者的统计，所有想要帮助别人的网友平均获得了40%的回复（见图6.5）。

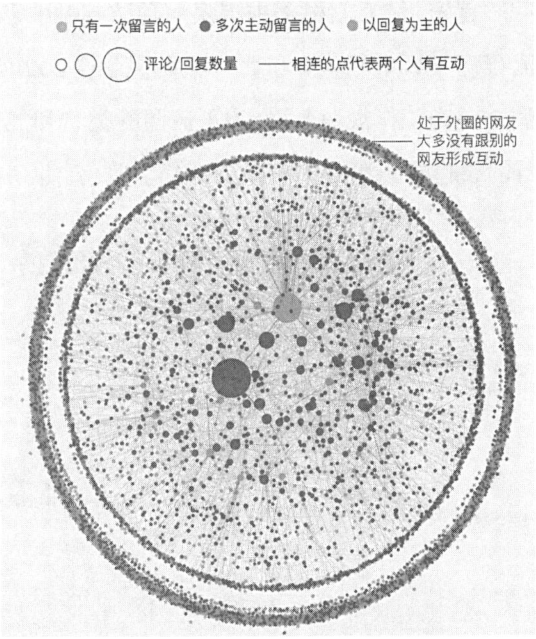

图6.5　留言网友之间的互动关系

这则作品当中还提供了许多关于自杀预防、社会支持网络、防止污名化以及全国心理援助热线等方面的信息。作品整体呈现出一种温柔的关怀，这是数据新闻作品中一种较为少见的风格。

## 以严谨信息和人文关怀追问流调信息中的隐私问题

案例名：《勿知我姓名：流调信息公开的边界》
媒　体：RUC新闻坊（2021年1月27日）
作　者：惠一蘅、肖潇等

新型冠状病毒肺炎（简称“新冠”）疫情发生后，流行病学调查（简称“流调”）成为人们熟知的一种信息。流调在追踪和控制疫情的过程中确实发挥了至关重要的作用，但是流调中个人隐私数据被公开之后引发的网络暴力、污名化等问题，也确实值得警惕。

获得2020年中国数据内容大赛“最佳数据应用”银奖的这则作品，就是在这样的背景之下，用严谨的信息和深切的人文关怀追问了流调的规则和边界。

首先，作者们根据中国疾病预防控制中心2020年3月发布的《新型冠状病毒肺炎流行病学调查指南》和北京预防医学会2020年4月发布的《新型冠状病毒肺炎流行病学调查工作规范》，介绍了流调的类型和规则，以及参与的人员和部门。他们还统计了22起隐私泄露事件中的泄露者身份，并用树图做了展示。（见图6.6）

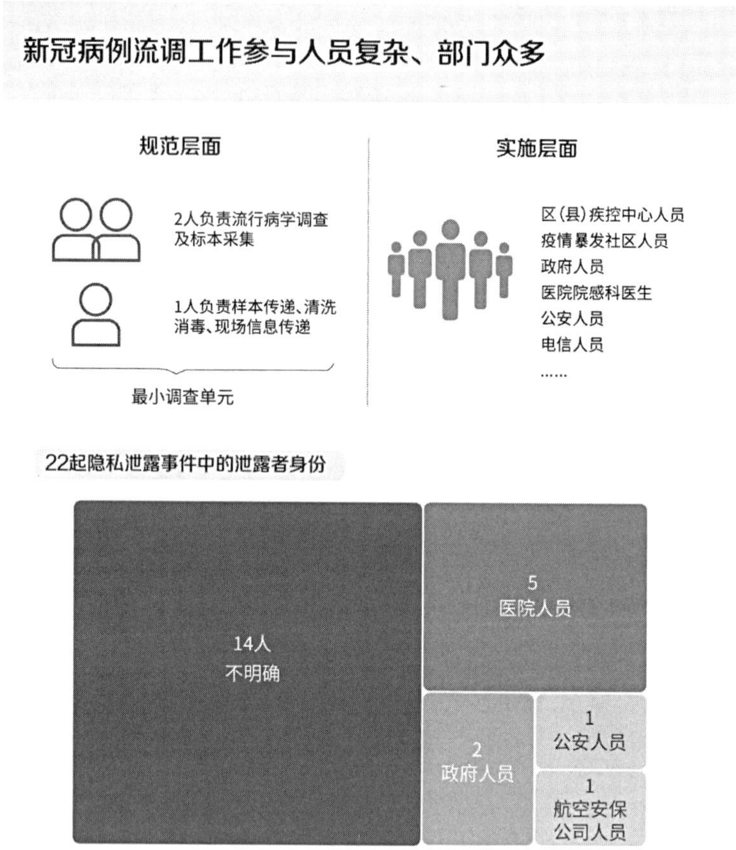


图6.6 新冠病例流调工作的参与人员

其次，作者们又对各个省级行政区（除港澳台）的流调数据公布情况做了统计，发现大部分省级行政区都能在病例确诊后当天或隔天公布流调数据，但仍有个别省级行政区存在2—3天后公布或长时间未公布的情况。

他们还对2021年1月出现本土确诊病例前十名的省级行政区做了重点研究，看它们发布的数据是否有固定网址，以及是否提供了意见反馈的渠道。结果显示：大部分省级行政区的流调数据结构化程度低、发布平台分散，且缺乏反馈渠道。

再次，作者们回答的问题是：流调当中究竟包括什么内容？他们详细分析了2020年1月20日到2021年1月25日北京和上海发布的流调信息，并在图中以圆点表示该时间的流调数据出现该类信息，用相连的圆点表示该类信息在一个时间段内连续出现（见图6.7）。作者们发现：2021年1月下旬以来，京沪的流调数据公开内容均调整为隐去患者性别、年龄，以保护患者隐私。值得注意的是，在这一过程中，舆论起到了较为重要的作用，在经历了几次人肉事件后，网民对于隐私保护的意识也在逐渐提升。这种细致而微的动态呈现，展现了流调信息的发布并非完全由单方面决定，舆论的作用不可忽视。

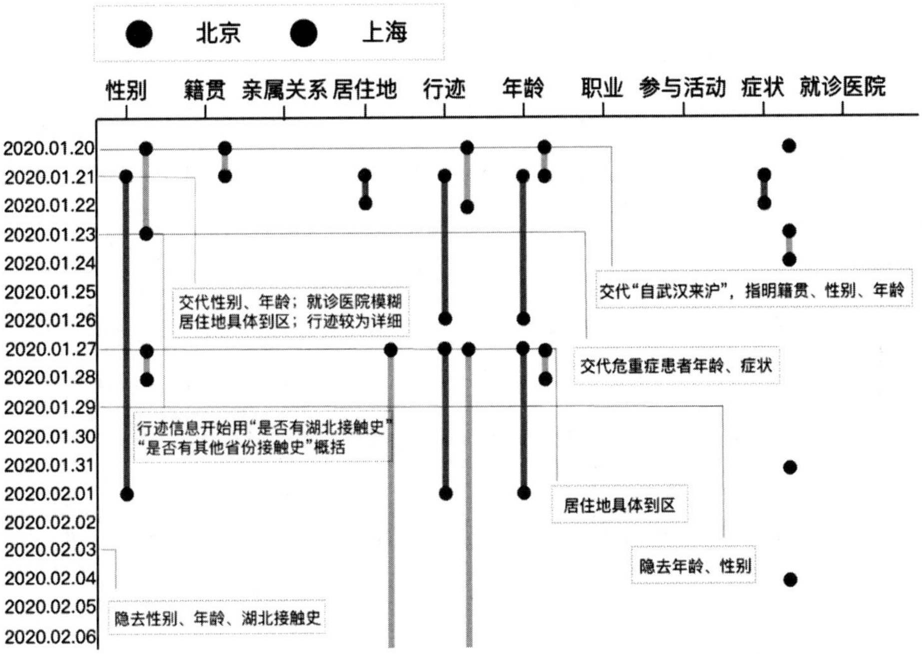

图6.7 北京和上海流调信息的不断调整

最后，作者们还介绍了世界卫生组织（WHO）以及韩国、新加坡、美国和欧盟关于新冠肺炎疫情中个人隐私保护的规定，并探讨了中国的法律体系对个人权利的保护。作品在最后强调：一次次的拉锯，是社会与公众对公共治理的新要求，对权力与权利边界的新思考。而所有的一切，都是出于对“人”的关怀。

值得一提的是，发布这则作品的是中国人民大学新闻学院的学生实践平台“RUC新闻坊”，这个账号在过去几年中屡有优秀的数据新闻作品面世，值得关注。

## 以社区为单位，提供本地“黄页”服务

案例名：《芝加哥犯罪一览》（“Crime in Chicagoland”）
媒　体：《芝加哥论坛报》（2019年4月1日，作者不详）

芝加哥的犯罪率一直居高不下，仅2016年上半年就有一千多人死于枪支暴力。暴力事件的频发，与芝加哥枪支泛滥、种族歧视依然严重、收入差距过大有密切关联。对于当地居民来说，选择安全的居住社区、出行路线，以及为子女择校成为他们最关心的话题。《芝加哥论坛报》的《芝加哥犯罪一览》这个作品就瞄准了这一用户需求。

这个作品是最早的数据新闻案例之一，《芝加哥论坛报》的News App[①]团队在2012年开始实施第一版，之后在2014年进行了改版。其首页很简洁，最上方的搜索框极为明显，用户输入自己的邮编或者社区名就可以跳转到该区的详细报告页面，主页的下方是整个芝加哥地区十年（2006—2016）的犯罪趋势以及高危社区排名。在社区详细报告页面，可以看到当月的犯罪数据分布、类别细分、高发时段以及该区的人口普查数据。（见图6.8）

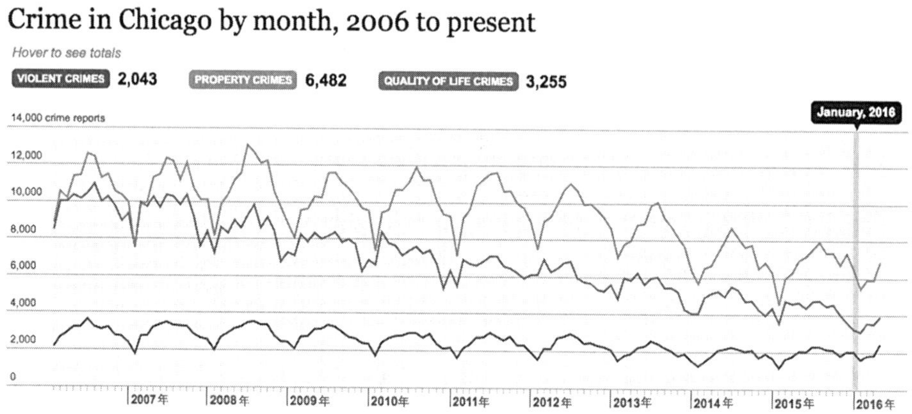


图6.8　2006年至2016年芝加哥犯罪情况

① Chicago Tribune News Applications Team，《芝加哥论坛报》的数据新闻团队，新闻编辑室中最早的数据团队之一，主攻芝加哥地区以及美国中部地区的相关数据。团队的开源Github页面：https://github.com/newsapps.

在第一版的技术博文中，团队的数据新闻记者分享了他们从数据建模、数据分析、攻克技术、设计难题到搭建网站框架的工作流程。在数据方面，他们列举了遇到的几个难题：

·原始数据的获取端口不稳定；

·原始数据缺失、重复、难以归类、没有细节；

·地理数据无法正确解码；

·不同数据源之间的数据无法匹配。

类似地，他们也列举了在设计方面需要达到的目标：

·以简单直观的方式呈现多维、大量的数据；

·隐藏不必要的细节，同时允许用户深入探索；

·建立有效的衡量指标，使得同类横向比较和纵向历史比较都有意义；

·不孤立地展示数据，而是联系具体语境；

·去除不必要的色彩和设计干扰；

·设计响应式网页，能在移动端合理显示。

这些问题依然常见于现在的数据新闻项目中。为了解决数据问题，数据记者们每周都会进行数据审计，核查报告中的数据问题，将正确的数据传到数据库中。随后，他们和美国西北大学Knight Lab①合作，整合一系列关于芝加哥的犯罪数据，发布了Chicago Crime API②，方便相关的数据分析人员更好地读取使用。在设计上，他们放弃了“mobile-first design”的响应式设计方法，在移动端舍弃了一些不必要的交互和数据显示。

> **名词解释**
>
> 数据审计（Data Audit）：在数据新闻操作中，数据审计是指由作者之外的人通过不同方法审计、核查数据中的问题。数据审计有助于提高数据新闻的准确性。

除了和犯罪相关的作品，《芝加哥论坛报》还用类似的方法做了伊利诺伊州学校的分析作品——*Illinois School Report Cards*。和前一个作品一样，用户输入自己的邮编或地址，就可以看到社区附近各所中小学的相关指标，比如考试成绩、学生种族分布、师资力量等。

相似的作品在其他媒体中也有不少，其中比较有名的是纽约公共广播电台的SchoolBook。（见图6.9）

---

① Northwestern Knight Lab，是由Knight Foundation资助，美国西北大学新闻学院和工程学院合作主持的媒体创新实验室。除了之前提到的Timeline.JS、StoryMap.JS，他们发布的新闻开源项目还有用于图片比较的Juxtapose.JS和音频嵌入插件的SoundSite.JS。

② 项目的开源链接：https://github.com/newsapps/chicagocrime，其中包含API文档。

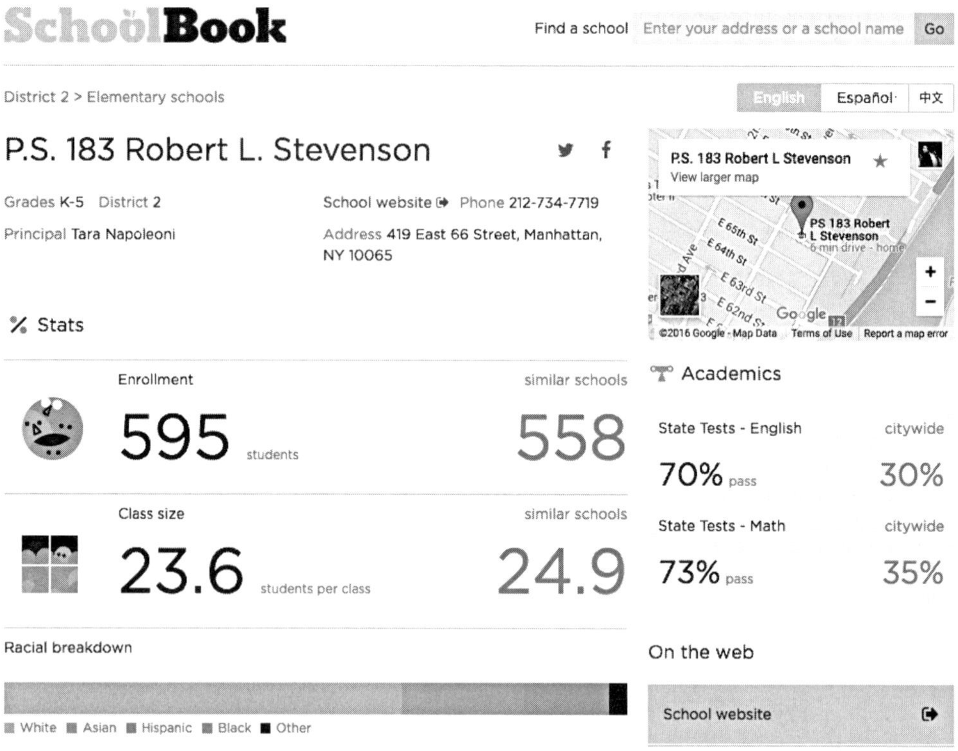


图6.9 纽约公共广播电台关于本地学校的数据新闻项目页面

这种基于本地新闻(Hyperlocal News)的数据新闻网站对许多当地读者来说非常实用。ProPublica则做过几个大型的作品，对全美更大范围的医疗系统、养老系统、教育系统进行了梳理。

- Surgeon Scorecard——在专家的指导下，数据新闻记者们计算了外科医生在不同手术中发生的病人死亡及并发症率。读者可以搜索居住地各家医院、各科医生的手术记录。(见图6.10)
- Nursing Home Inspect——根据医疗系统公开档案，对六万多家养老院的违规、罚款情况进行了整理。读者可以搜索各家养老院的总体情况、评分等。(见附录：图Ⅵ-1-1)
- The Opportunity Gap——收集了学生人数超过三千的大社区的公立学校数据，比较各州在提供学生教育资源上的优劣。读者可以对居住地附近的多个学校进行比对。(见附录：图Ⅵ-1-2)
- Represent——收集了美国所有选区的议员对各项议案的投票情况，每天更新。读者可以查看当地立法议员对每项法案的投票是否和自己一致。(见附录：图Ⅵ-1-3)

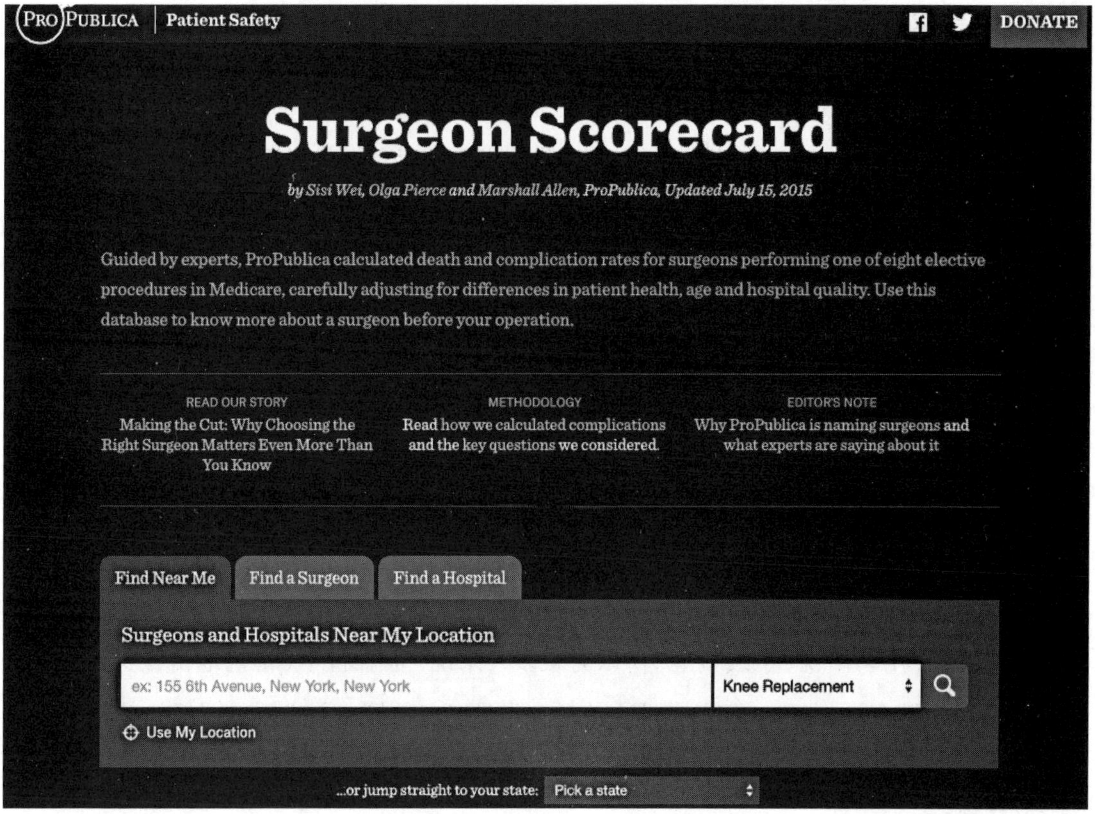


图6.10　ProPublic医疗系统黄页项目

总体而言，这一类数据新闻作品可称为“社区黄页”——它们基于社区，提供与居民生活息息相关的实用数据，便于查询和比对。社区是社会的基本单位，良好的社区服务是社会健康发展的基础，在这一点上，此类新闻贡献良多。

美国俄勒冈大学新闻学院教授Damian Radcliffe在*Data Journalism: Inside the Global Future*①一书中总结了在本地新闻中进行数据新闻实践的五个技巧：

·判断数据新闻是否有助于这篇本地新闻的报道；

·借助现有工具资源；

·不局限于数据本身，挖掘数据背后的故事；

·善用关系网和网络资源；

·具体项目具体分析。

---

① *Data Journalism: Inside the Global Future*一书的三位作者横跨学术界和业界，Tom Felle和Damian Radcliffe在大学任教，John Mair是BBC前制片人。他们采访了许多记者、程序员、学者，讨论了数据新闻的未来。

## 后台是复杂的数据模型，前端是简单的个人计算器

除了社区生活数据，个人财务管理也是普通老百姓最关心的话题之一。不少数据新闻案例通过对个人数据的挖掘、建模、分析，给读者提供了更精确的指南。

案例名：《租房，还是买房》（“Is It Better to Rent or Buy?”）
媒　体：《纽约时报》（2014年5月22日）
作　者：Mike Bostock、Shan Carter、Archie Tse

是买房子还是租房子？这是许多人一生中最重要的财务决定之一。但是，买房子牵涉到很多因素，比如房贷利息、首付比例、个人信用记录、未来房价的涨跌预估、通货膨胀、不动产税、手续费等，所以对很多人来说，很难科学、准确地衡量买房和租房到底哪个更划算。《纽约时报》的这个作品以一种简单易上手的图标计算器的方式帮用户做决策，只要输入几个数字，就可以明确得到“该租还是该买”的答案。（见图6.11）

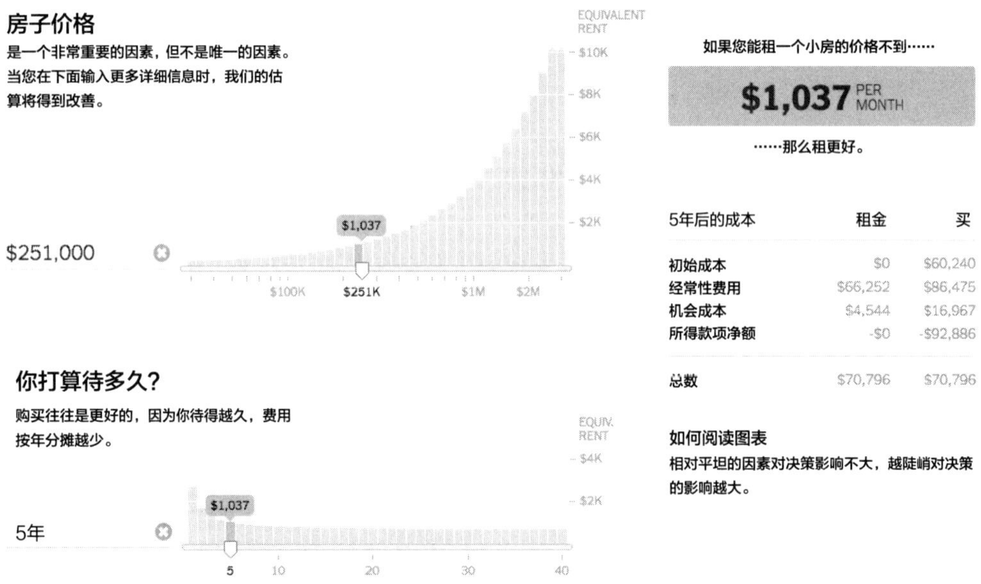


图6.11　租房 VS 买房 计算器

其实，许多银行或者金融机构的网站也提供了类似的计算器，但是大多做得非常粗糙难以理解，模型不够全面，或者是以此种形式推销自己的产品，读者容易被复杂的术语误导，低估买或租房中的实际开销。作为社会公器的媒体，可以为普通人提供更容易理解、避免商业利益干扰的服务。

具体而言，这一作品在左侧列出了8大主要开支项和20多个细分的开支项，读者通过调节滑杆或者输入数值进行估算，右侧是模型的计算结果。作品的用户体验很好，在读者调节细分开销或者设置之前，默认值为该项的均值，这就使得用户在未掌握足够多的信息时，也可以进行相对合理的预测。每一个细分项的柱状图，斜率越高越陡峭意味着对决策的影响越大。在文章结语的方法论部分，还附注了模型可能包含的偏差。

除了买房的大额支出，每年的报税季也是最让美国人头疼的时候，各种繁杂的税表数字让人晕头转向。FiveThirtyEight和《纽约时报》在2015年同时做过一个有趣的关于报税的作品——《你应该为报税离婚或结婚吗？》（*Should You Get Married Or Divorced for Tax Reasons*？），它计算在每年报税时，已婚联合报税是否比各自单身时缴纳的税费更多。虽然国家税务部门宣称夫妻联合报税会享受不少福利，但是实际情况并非如此，有将近38%的夫妻会因为已婚联合报税而向政府缴纳更多税款。

FiveThirtyEight的这个作品以诙谐的语言和简单的互动帮助已婚读者计算自己是否从联合报税中省了钱。读者输入自己和配偶各自的收入，就可以看到是节省了还是额外支付了多少钱，在有孩子的情况下，数字也会相应地改变一些。背景的红蓝两色热力图显示在哪些情况下，夫妻会因为已婚联合报税而省钱（蓝色）。从图中看到可以看到，在夫妻双方收入不均衡的时候，联合报税往往会节省更多钱。

这个作品背后的模型远比简单的数字加减来得复杂，数据模型专家们进行了上万次的实际模型模拟，才得到这个红蓝色的热力图。虽然背后的模型很复杂，但是这个作品的呈现方式却很简洁，读者可以很快地获得实用信息。

值得一提的是，文章的最后中有一段很有意思的附注：在作品刚推出时，热力图用红绿两色显示得失，然而在Twitter读者的要求下，换成了红蓝两色，更好地照顾了红绿色盲的读者。

类似的个人计算器还有不少，比如《华尔街日报》关于医保开销比较的系列项目，彭博社关于养老金的公司福利比较，以及《纽约时报》2009年的经典项目：相似人群的失业率计算器。这些数据新闻作品将背后复杂的数学模型提炼出来，呈现给读者简单实用的用户界面，一方面帮助读者更好地管理个人财务，另一方面帮助纳税人对政府财政、医疗等相关系统进行监督。如图6.12，展示了根据种族（race）、性别（men and women）、年龄（age）以及受教育程度（education level）对失业率进行计算的内容。

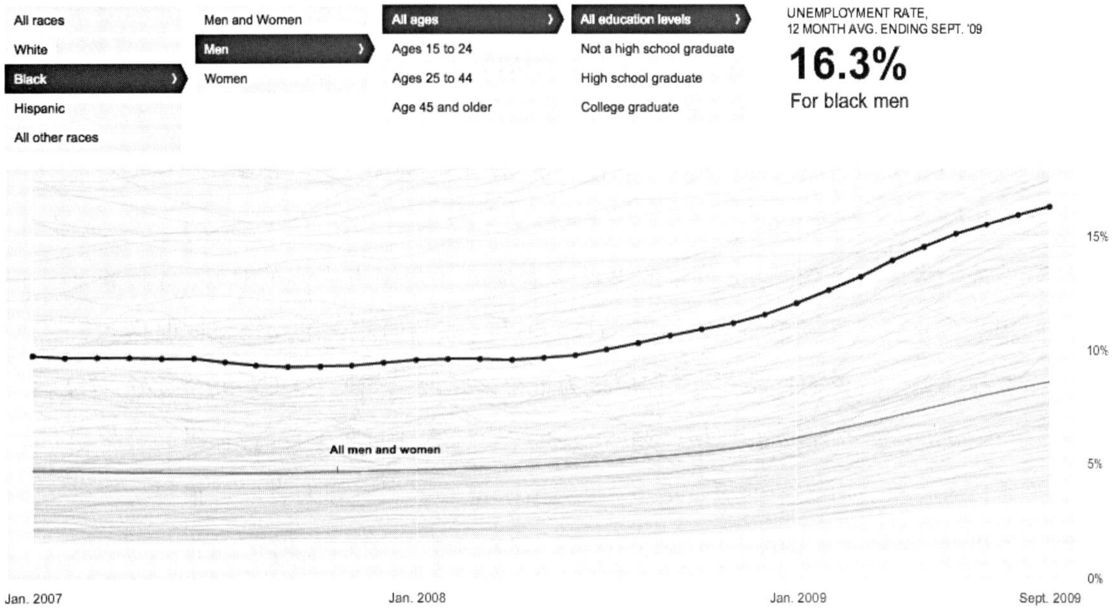


图6.12 相似人群的失业率计算器

## 演变的统计地图展示医保覆盖

医疗保险是许多家庭最头疼的问题之一，老百姓期待医疗保险能补偿疾病带来的经济损失，当家庭遭遇比较严重的疾病、意外或是在生育时期，健全的医保计划可以减轻家庭负担，维护社会安定。

美国的医疗设施和医疗保险大部分由私营部门经营，工薪阶层的医保以商业医保为主，政府提供辅助性的公共医疗补助，向低收入的老年人、残疾人、单亲父母等免费提供一些基本医疗服务。美国的医保改革也一直是共和党和民主党在竞选中辩论最激烈的话题之一。美国人口调查局从2007年到2008年的统计结果显示，至少有15%的美国国民没有任何医保，一旦发生意外，有些民众会因为无力支付高昂费用而得不到救治，有些民众会因此而破产。

2008年奥巴马上台后推出了新的医保法案(Affordable Care Act,简称ACA),俗称Obamacare,旨在为全民提供医保,不允许私营保险公司拒保或擅自提高保险金额。这项政策在2010年获美国国会通过并逐步施行。但是,这项法律实施后,许多医保公司大规模地终止了与现有保民的合约,声称它们不再符合新的医保法规。

案例名:《哪些州的居民可以续约医保》("States Where Insured Could Renew Plans Before Change by Obama")

媒　体:《纽约时报》(2013年11月20日)

作　者:Keith Collins、Josh Katz、Katie Thomas、Archie Tse、Karen Yourish

《纽约时报》的这则作品显示了美国各州是否允许受保个人再续约一到两年医保计划。这幅信息图没有使用传统的面量图,而是使用了统计地图(见图6.13)。随着面量图越来越多地出现在媒体上,不少统计学专家提出了反对意见,认为这种地图表现方式没有正确、成比例地反映统计结果。

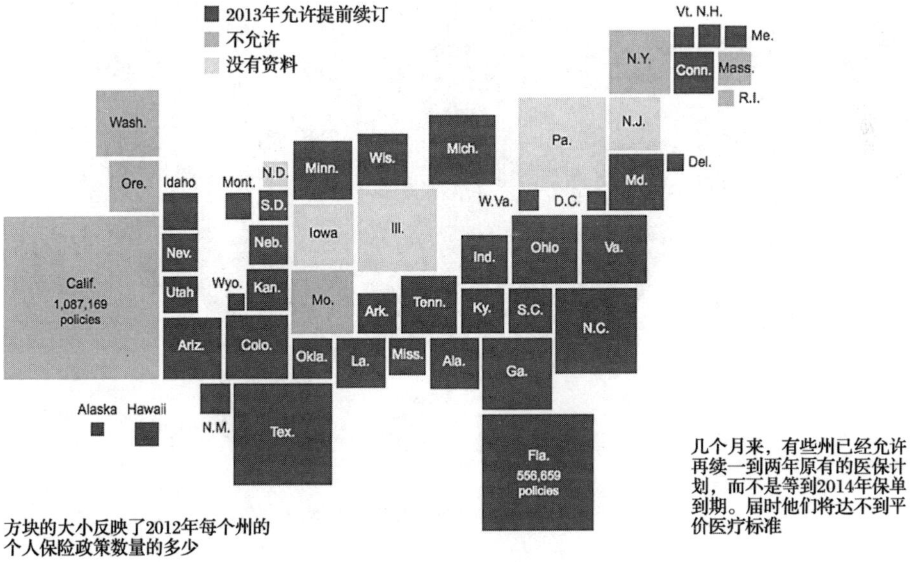


图6.13　显示美国各州医保更新政策的统计地图

不少媒体开始尝试用统计地图来解决这个问题。*Data Stories*节目在2015年年度总结中评价了2015年数据新闻和可视化的一些大趋势①：

- 统计地图、网格地图；
- 机器学习、图像处理；
- 3D和虚拟现实；
- 更好的叙事；
- 数据播客；
- 移动可视化。

关于统计地图，NPR的Visuals Team发表了一篇博文，讨论他们的团队是如何解决这个问题的。最初，NPR的数据新闻作品*A Campaign Map, Morphed by Money*用变形地图显示结果，使得每个州的面积和统计数据成正比，且地图的相对位置保持不变。（见图6.14）

这种变形地图理论上更精确，但视觉上不够直观，所以有数据新闻记者提出了另一种方案——平铺网格地图（Tile Grid Map），这种地图上每个方块等大，可以避免因为地理面积过大而产生视觉误差。但随之而来的问题是，每个方块的位置就不够精确，所以在使用这种地图时，要尽量保证数据与各州的人口数量没有太大关系。

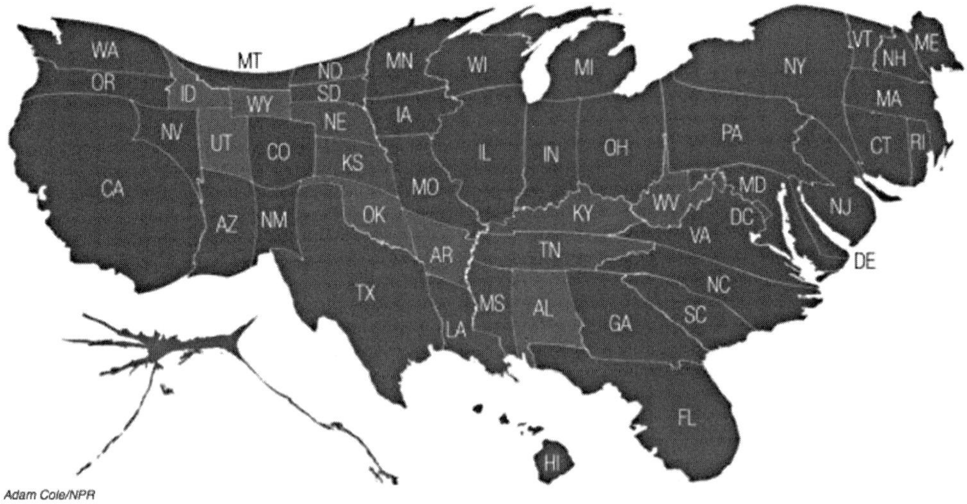


图6.14 NPR制作的美国大选变形地图

① 资料来源：http: //datastori.es/what-happened-in-vis-in-2015-year-review-with-andy-kirk-and-robert-kosara-ds65。

NPR的数据团队提出了另一种以六边形为基本元素的地图（见图6.15），他们认为六边形比四边形多出的两条边会让各个州的摆放位置更灵活，他们也发表了基于这种地图的第一个作品《你是否知道在大多数州歧视LGBT（少数族群）是合法的？》（*Did You Know It's Legal in Most States to Discriminate Against LGBT People*?）。随后《卫报》《经济学人》也用这种方式制作了英国大选地图。

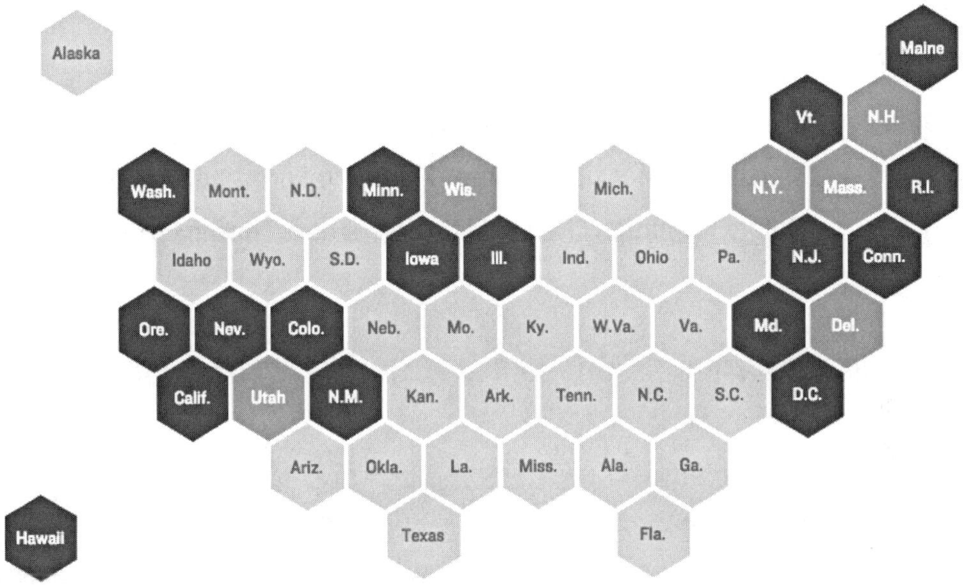


图6.15　NPR制作的美国六边形地图

除此之外，在制作地图时要格外注意地理数据的处理，经纬度的计算、合适的地图映射（Geo Projections）、工具选取也都非常重要。WNYC的数据新闻记者Noah Veltman[①]在BBC工作期间，为编辑人员和设计师们组织了一系列午餐会。[②]这些小型讲座的内容不是关于某个具体项目或者编程语言，而是让非技术背景出身的记者们了解数据新闻中的技术话题，以便数据新闻记者与传统编辑室的编辑记者们更好地合作。

在其中一节关于制作在线地图的讲座上，Veltman就提到了地理数据的四大主流格式：

- 图形文件Shapefile，详细的地图数据最常见的格式；
- GeoJSON，一种基于JavaScript语言的轻量级数据交换格式，适用于制作网络地图；

① 资料来源：Noah Veltman，数据新闻记者，个人网站：http://noahveltman.com。

② 午餐会系列讲座在School of Data上的原文参见http://schoolofdata.org/learning-lunches/; https://github.com/veltman/learninglunches。

·KML、XML（可扩展标示语言）语言的一个特殊门类，与GeoJSON十分类似；

·TopoJSON（GeoJSON的扩展），增加了拓扑逻辑的编码。

## 数据新闻助力深度调查报道

案例名：《医保解密》（“Medicare Unmasked”）

媒　体：《华尔街日报》（2014年4月9日）

作　者：Martin Burch、Chris Canipe、Madeline Farbman、Jon Keegan、Palani Kumanan、Renee Lightner、Stuart Thompson

说到医疗保险，不得不提2016年《华尔街日报》发表的数据驱动调查报道《医保解密》。

《华尔街日报》从2010年起就花费大量的时间和金钱对美国的医疗开销进行调查，调查记者们想知道每年上千亿美元的医保账单是怎么回事？记者团队不断地向美国政府相关部门施压，要求公开数据，最终迫使政府在2014年4月首次公开了自1979年以来就保密的医保开销数据。在政府公开数据后，调查记者和数据新闻记者合作，挖掘分析了这组近千万条记录的数据“宝藏”，并从中发掘了很多惊人的信息，在社会上产生了极大的影响，也促使相关机构进行整改调查，实施改革措施。《医保解密》也获得了2015年的普利策新闻奖最佳调查报道奖。

全球深度报道网①在2015年的年度最佳数据调查中也介绍过这个作品及其背后的故事。在数据处理上，数据记者们用C#语言对原始数据进行处理，并存储在Microsoft SQL数据库②中；在数据分析阶段，他们使用了R，采用了线性回归③、逻辑回归④、主成分分析⑤等多种统计分析方法，挖掘数据背后隐藏的线索；在最后的项

① 全球深度报道网（Global Investigative Journalism Network），是一家扶持调查报道发展的非营利性国际机构，致力于整合并分享深度报道资源。英文网址，http: //gijn.org; 中文网址，http: //cn.gijn.org。

② Microsoft SQL Server是微软公司推出的关系型数据库，一些开源的关系型数据库有MySQL和PostgreSQL，在新闻编辑室中很常见。

③ 线性回归（Linear Regression），用来确定两种或两种以上变量间相互依赖的定量关系的一种统计分析方法。

④ 逻辑回归（Logistic Regression），用于解决二分类（0或1）的回归分析模型。

⑤ 主成分分析（Principal Component Analysis），是一种分析、简化数据集的技术。

目呈现和叙事阶段，使用了PHP和JavaScript，用可交互的搜索数据库以及专题故事的方式，读者可以从中搜索几十万医生和供应商的信息，并将其进行横向比对（参见附录：图Ⅵ-4）。

《华尔街日报》的主编Gerard Baker在致内部员工的信中说，这个作品迫使白宫向美国大众公开它不愿披露的重要信息，揭露了医保体系如何滥用纳税人的钱以及相关政府部门的腐败行为。其深度调查编辑Michael Siconolfi和医疗健康版块负责人Stefanie Ilgenfritz带领7位调查记者与政府相关部门斗智斗勇，同时，他们与数据新闻团队的6名数据记者并肩合作，最后呈现了这个作品。

本书第一章提到，从20世纪50年代起，计算机辅助报道概念被提出，最早的提倡者之一Philip Meyer教授就在他的著作*Precision Journalism*里提到，记者一定要充分利用数据库和调查问卷，利用电脑技术辅助新闻报道。随着数据新闻团队在各家媒体的新闻编辑室逐渐壮大和成熟，数据新闻中的各种技术被越来越多地用在常规和深度报道之中，调查记者和数据新闻记者之间的界限也逐渐模糊，业界最大规模之一的大会NICAR就是由Investigative Reporters and Editors（IRE）组织发起的。

## 媒体档案

《华盛顿邮报》是美国最大的老牌媒体之一，曾因报道“水门事件”而名声大噪。2013年10月，《华盛顿邮报》被亚马逊创始人贝索斯收购，在收购前，它一直处于亏损状态，2012年净亏损约5370万美元，报纸发行业务收入同比下滑7%，印刷广告业务收入同比下滑14%。

而在短短的三年时间内，《华盛顿邮报》变化巨大，技术的革新给它注入了新活力，据comScore报告，《华盛顿邮报》独立访问者的数量在2015年10月达到6690万，超过了《纽约时报》的6580万，比前一年增长了59%。①

《华盛顿邮报》重新设计了它的网站和移动应用，根据用户的类型载入不同的设计体验。在内部，团队会采用数据驱动/辅助方式，用Bandito工具跟踪同一篇新闻因采用不同的标题和报道结构对点击量的影响，给读者推荐他们最感兴趣的展现方

① 5 things publishers can learn from how Jeff Bezos is running The Washington Post［EB/OL］.（2016-06-05）［2021-04-21］.http: //www.niemanlab.org/2016/06/5-things-publishers-can-learn-from-how-jeff-bezos-is-running-the-washington-post.

式；用分析预测平台Loxodo，给作者和编辑提供实时的分析数据，将《华盛顿邮报》的新闻与其他媒体进行比对，从而提升读者体验。他们还开发了名为Arc[①]的平台，为出版商提供数据分析和营销方案。

在2016年的总统大选中，《华盛顿邮报》将其在Apple News上的选举报道变成了一个独立的项目——Election Essentials，以多媒体新闻的方式在每周一给读者推送一周内的大选精要。它还在AR、VR领域试水，尝试不同的报道方式。即使只在Facebook上阅读其新闻的读者，它也会根据他们的特征发送算法定制的Newsletter。

在过去几年中，《华盛顿邮报》的技术团队也在不断扩大，其数据新闻团队在突发新闻和深度报道上都有不俗的表现。它还有一个神秘的突发新闻产品团队（The Emerging News Products Team），编辑、设计师、工程师一起工作，负责其新型数字产品。

## 数据百科

Emergent.Info：哥伦比亚大学数字新闻中心（Tow Center for Digital Journalism）研究项目，该项目主要研究媒体如何报道未经核实的信息和谣言。

http://www.emergent.info

## 延伸阅读

1.如何可视化城市的交通便捷性

https://zhuanlan.zhihu.com/p/22351423?refer=datartisan

2.年度最佳数据调查故事：藏在数字中的秘密

http://cn.gijn.org/2015/06/02/%E6%95%B0%E6%8D%AE%E9%A9%B1%E5%8A%A8%E7%9A%84%E8%B0%83%E6%9F%A5%E6%8A%A5%E9%81%93%EF%BC%9A%E8%97%8F%E5%9C%A8%E6%95%B0%E5%AD%97%E4%B8%AD%E7%9A%84%E7%A7%98%E5%AF%86/

---

① 资料来源：Arc，https://www.arcpublishing.com。

## 思考题

1.数据新闻是否适用于地方媒体？为什么？

2.为什么说调查记者和数据新闻记者之间的界限正在逐渐模糊？

# Chapter 7
# 第七章　科技教育

- 透过数据放大镜看教育机会落差
- 用鱼眼视图一探性别收入差距
- 科技背后隐藏的种族歧视
- 用数据库展示教授收入的影响因素
- 媒体档案

科技和教育始终是数据新闻的重要话题领域。数据新闻可追溯的最早历史，便源于1821年英国《卫报》刊登的一组关于曼彻斯特学校就读学生数目的数据，这篇报道旨在改善当时的教育系统。近两百年后，《卫报》在其数据新闻专栏Data Blog回顾了当时的那篇报道，该报数据新闻项目创始人Simon Rogers在结语中写道——我们如今使用的工具也许比百年前更先进了，但初衷未改。

## 透过数据放大镜看教育机会落差

古有孟母三迁择邻而居，今有高价学区房、教育移民，教育好下一代自古以来就是许多父母最重视的人生命题。不少人希望通过教育改写命运，但是每个人接受教育的机会却不是均等的，家庭的收入以及父母的社会经济地位都会影响教育机会，可能会加大不同阶层之间的差距。

案例名：《你来画画看：家庭收入与子女大学录取的关系》（“You Draw It: How Family Income Predicts Children’s College Chances”）
媒　体：《纽约时报》（2015年5月28日）
作　者：Gregor Aisch、Amanda Cox、Kevin Quealy

美国的高等教育系统与其他国家相比，一直都享有很高的评价。美国有四千多所能够提供学士课程的合法教育机构，也是全世界最多国际学生选择前往接受高等教育的地方。在这个强调平等、强调通过个人努力取得成就的地方，本土的学生们接受高等教育的机会真的平等吗？家庭出身对他们的影响到底有多大？

《纽约时报》的这个作品在互动方式上独具匠心，它先让读者对这个问题进行思考，在网页上画出他们想象中家庭收入和子女上大学比例的关系曲线，然后再揭示经济学家统计的结果，看看读者猜得准不准。图中的横坐标是父母收入水平，从最穷到最富；纵坐标是子女上大学的比例，从最低到最高。（见图7.1）

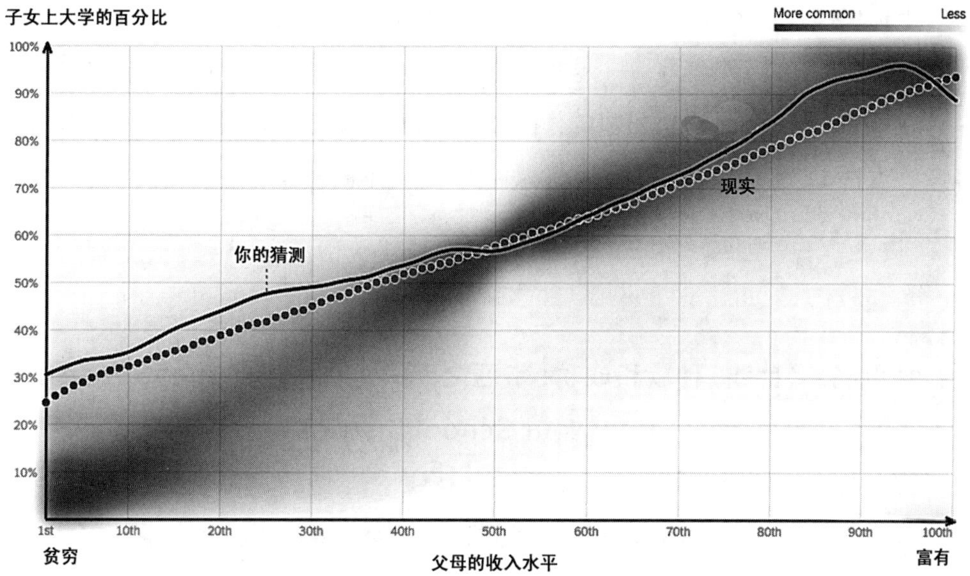


图7.1　父母收入与子女进入大学的比例的相关性

在作品的引言中，编辑给出了一些提示：如果认为接受高等教育的机会相对公平——子女上大学的比例与父母的收入关系不大，那么反映相关性的曲线应该近似于横线；反之，如果认为教育机会不公平，那么曲线应该非常陡峭。也有些读者认为存在某个阈值，在此阈值点之后曲线陡升或趋于平稳。总之，这种让读者先行一步给出自己结论的方式，让读者有时间对这个话题进行思考。

在提交自己画出的曲线后，读者会看到正确答案以及其他读者的估计。图中，从深灰色到白色是七万多名读者的预测（颜色越深，猜的人越多），灰色点的连线则是实际的结果。可以看到，读者的猜测还是比较准确的，这是因为编辑事先在图中给出了一个数据点作为提示。如果没有这个提示，肯定会比较混乱。这也是在设计这种互动方式时需要考虑的问题：不要太难了，也别太容易。

图中的现实数据曲线是斯坦福大学经济学教授Raj Chetty对美国20世纪80年代出生的人群进行的统计——家庭年收入每提高一个百分点，子女接受高等教育的比例就提高0.7%。这条曲线无论是在最贫穷的这端还是最富有的那端几乎是相同的斜率，意味着接受高等教育的机会落差在中产和富裕家庭间的差异并不比贫困和中产家庭的差异更显著。

编辑给出的一种解释是，高昂的私立大学学费对于不少中产家庭来说可能是一笔负担，而这笔开销对于富裕家庭来说却不算什么。在这幅图中，编辑也做了注释，其纵坐标仅仅是进入大学的比例，如果考虑大学的质量，就会看到这个差距随着家庭收入的变化变得更显著了——越富有的家庭的子女进入好大学的比例越高。

在《纽约时报》另一个相似的作品中，可以看到父母收入关系子女教育的另一种考察方法。它不仅将父母的收入考虑在内，也将不同种族的差异在同一幅图中标示出来。

案例名:《金钱、种族和成功：学区之间的比较》（“Money, Race and Success： How Your School District Compares”）
媒　体:《纽约时报》（2016年4月29日）
作　者: Motoko Rich、Amanda Cox、Matthew Bloch

在这个作品中，横坐标同样是家庭收入，纵坐标则是根据学生的阅读和数学成绩测评出的学习水平差异，而气泡的颜色则代表不同族裔（欧裔白人、西班牙裔、非裔）的学生。每一条线所串起的三个气泡点表示同一个城区三种族裔学生的差异分布。

在其连线散点图中，不仅可以直观地看到不同颜色气泡的群，也可以横向地看到社区内的差异。总的来说，贫穷地区的学生比富裕地区的学生在学习水平上要低大约4个年级；在全美最富裕的几个地区，欧裔白人学生与少数族裔学生的学习水平相比差距很明显；即使在父母收入差异不大的社区，欧裔白人学生也普遍比少数族裔学生的学习水平更高。

不少学者试图解释这个差异的来源，比如说，富裕家庭的孩子，父母大多有良好的教育背景，这些家庭的孩子容易获得更好的课外教育资源，受到更大的压力；或是不同族裔人口本身的收入差距就比较明显。但这也不能完全解释图中显著的差异，在文章中作者也提到，这些数据和分析图引起的讨论比解答的问题更多。这种将复杂学术研究数据新闻化的案例，给了读者、学者、教育从业者一副放大镜，让他们更清晰地看到家庭的经济社会地位差异对子女教育的影响，也给大家深入思考这种落差现象提供了机会。

## 用鱼眼视图一探性别收入差距

男女收入的差距在绝大部分行业中都存在，根据Institute for Women's Policy Research的研究，在2015年，美国同等岗位女性收入只相当于男性的79%，而这个差距，在某些行业中尤其明显。

案例名：《男女收入差距》（"What's Your Pay Gap?"）
媒　体：《华尔街日报》（2016年5月17日）
作　者：Paul Overberg、Janet Adamy、Lam Thuy Vo、Jessia Ma、Andrew Van Dam、Stuart A. Thompson

《华尔街日报》的这个案例，将美国人口普查局统计的400多种职业的男女收入中位值进行了可视化，每一条柱状线代表一种职业，两端分别是同样职业男女的收入，分别用红蓝（黑白图显示为浅灰色和深灰色）两色标注。从图7.2的颜色中可以一眼看出，几乎在所有的职业上男性都比女性的收入要高。

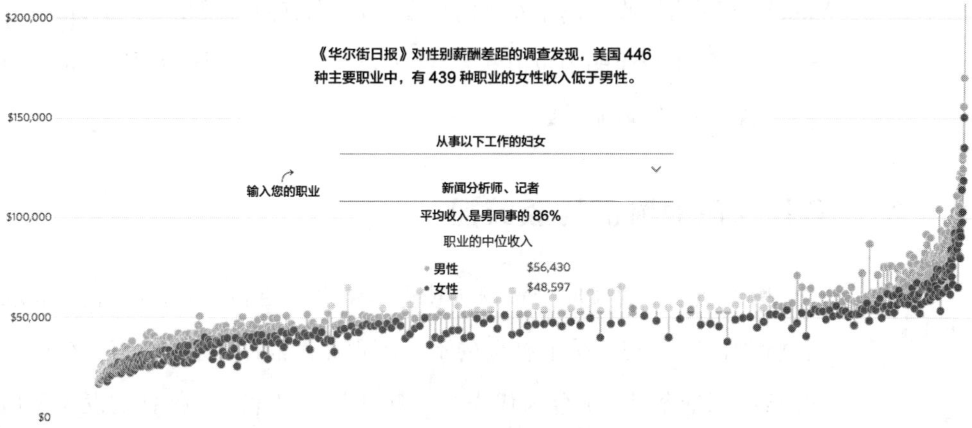


图7.2　男女收入差异柱状线图

在作品最上方，注释中写道，在普查局统计的446种职业中，除了7种职业，在其他439种职业上男性的收入都高于女性。因为职业很多，很难在一张图上清晰地显示，所以编辑们采用了鱼眼视角。鱼眼视角在鼠标停留的地方会放大该区域的细节，而其他区域保持不变，始终提供全局背景（见图7.3）。D3的作者Mike Bostock在博客上有一篇解释其基本原理和实现方式的文章。[1]

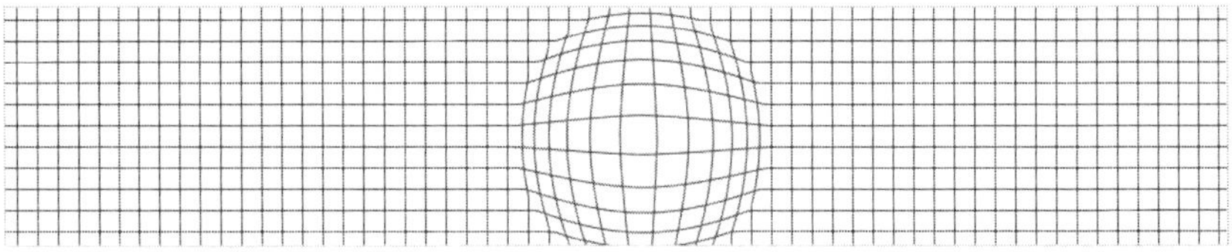

图7.3 鱼眼视角示例

**名词解释**

鱼眼视角（Fisheye Distortion）：在数据可视化的呈现中，将鼠标停留的区域放大，呈现出类似于鱼眼镜头的效果，以展现该区域的细节信息。

作品也提供了简单的搜索功能，通过搜索或用鼠标选择，可以看到每种职业上男女收入的中位值，以及女性收入占男性收入的比例。图中的纵轴显示的是收入值，所有的职业从左到右按照收入高低进行排序，不难发现，在图中的最右端——收入最高的职业中，差距反而更明显。男女在教育程度和工作技能上的差异似乎并不能完全解释这个现象。

不少国家因此推出相关的法律法规，试图解决工资差距中的性别歧视问题。这些看似保护员工的法案，要求雇主在法律纠纷中必须有足够证据证明女性员工比男性员工绩效差，才能解雇或者支付更低薪水，导致雇主不愿意雇佣女性员工，降低了女性员工的就业率。

《华尔街日报》的这个作品，界面简单明了。有宏观视角（Far View），显示男性收入高于女性的总体趋势，也有微观视角（Near View），显示每个具体行业的中位值和差异。它将性别工资差异话题以一种不同的方式推到了读者眼前。

## 科技背后隐藏的种族歧视

舆论似乎一直倾向于宣扬科技进步带来的便利：更多人有机会获取信息和知识，有利于缓解社会的不平等现象。然而社会上也有不少反对的声音，以斯蒂芬·霍金为代表的一些科学家就表示，科技的发展反而会加剧了社会的不平等现象。不少新闻记者通过对公开数据的挖掘和分析，试图解答这个问题。

---

① BOSTOCK M. Fisheye Distortion [EB/OL]. [2021-09-30] .https: //bost.ocks.org/mike/fisheye.

案例名：《亚马逊送货范围应该考虑种族因素吗？》（"Amazon Doesn't Consider the Race of Its Customers, Should It? "）

媒　体：彭博社（2016年4月21日）

作　者：David Ingold、Spencer Soper

彭博社的这个案例分析了美国最大的电商亚马逊在全美提供的当日送货服务情况，根据记者的统计，亚马逊在美国境内的27个大都市区提供该服务，而其中6个主要城市——亚特兰大、波士顿、芝加哥、达拉斯、纽约、华盛顿——的黑人聚居区相比白人聚居区，该项服务的覆盖率少了近一半。（见图7.4）

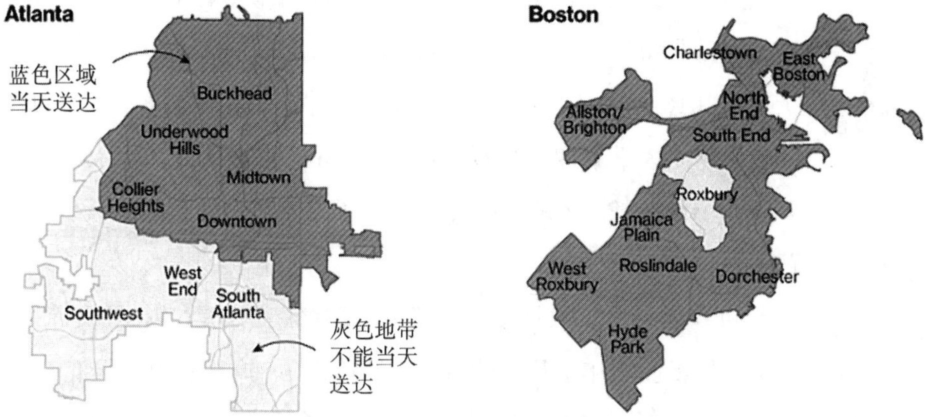


图7.4　亚马逊当日送货服务覆盖情况比对（局部）

文章认为，亚马逊的筛选机制本身也许并不带有歧视性，该服务更多地选择白人聚居区的原因一部分来自数字分析的结果——这些白人聚居区的人均收入更高、亚马逊会员家庭比例更高、货运公司去这些区域的成本更低等。

为了进一步看清差异，作者在地图上绘制了有色散点以区别不同种族的聚居分布，圈住的区域为当日送货覆盖区，小图上显示了白人和黑人的聚居地。在细分地图中可以更明显地看到差距，比如在芝加哥市的南部、达拉斯中部的黑人聚居地，几乎完全没有当日送货服务（参见附录：图Ⅶ-Ⅰ）。研究数据偏见的Haverford College教授Sorelle Friedler在文章中也提到，在种族数据上已经有太多的固有偏差，像亚马逊当日服务的数据分析，如果不特地去识别并纠正这些偏差，就会得出有盲点的结果。

在彭博社发表这篇文章之后不久，波士顿、纽约以及芝加哥市的市长、高级议员等纷纷对亚马逊有差别的送货服务予以谴责，亚马逊随即响应，表示会在这些黑人聚居区提供当日送货服务。对于数据新闻记者或是数据应用开发者来说，在对待性别、种族、地域等含有偏差的数据时，如果已知这些缺陷和隐形歧视，在分析制作时，就应该提前甄别。

在文章最后的方法论部分，作者提到他们是对亚马逊的当日送货查询网址使用网络爬虫技术获得了每个区域的覆盖情况。网络爬虫技术对于数据新闻记者来说，算是必修技能之一，对于会编程的数据新闻记者来说，Python是最方便的语言了，Python有很多自带的库，从网页上抓取内容非常方便。①

对于不是很精通编程的数据新闻记者来说，有很多工具可以轻松地进行抓取和清理工作，最常用的有Import.io②、Web Scraper③。

在2016年的NICAR大会上，《纽约时报》的记者Robert Gebeloff和旧金山州立大学新闻系教授Tom Johnson的讲座Grab Data from the Web（without Programming），讨论了各种爬虫的在线工具以及相关贴士。

名词解释

网络爬虫（Web Crawler）：一种自动浏览万维网的机器人，可以将自己所访问的页面保存下来。爬虫访问网站的过程会消耗目标系统资源，因此在使用爬虫时需要考虑到相关的道德和法律问题。

随着越来越多数据新闻记者通过网络爬虫获取数据和资源，不免涉及数据新闻制作过程中的道德与法律问题。同样在2016年的NICAR大会上，几家媒体的记者就对这个话题进行了探讨，并提出了在使用爬虫过程中的几点注意事项：

- 不要给其他网站的服务器造成过大负荷，尊重版权；
- 抓取最新的数据，保存消失的信息；
- 将工具视为报道的一部分；
- 缓存已经抓取过的信息，避免重新下载；
- 控制抓取工具过快的速率；
- 监测抓取网站的变化。

在彭博社这个案例中，亚马逊当日送货服务中的地域或种族歧视

① 推荐O'Reilly Media出版的Web Scraping with Python.
② Import.io, https: //www.import.io.
③ Web Scraper, http: //webscraper.io.

对当地居民的生活带来了影响，但没有造成严重的后果。然而类似的数据驱动项目或是算法，如果应用在司法审判系统中，就不容小觑了。

ProPublica在2016年5月发表的长篇数据调查文章“Machine Bias”中，就对现今美国司法官员青睐的替代性制裁的罪犯评估系统（Correctional Offender Management Profiling for Alternative Sanctions，简称COMPAS）提出了质疑。该作品获得2017年普利策新闻奖提名。

案例名：《机器的偏见》（“Machine Bias”）
媒　体：ProPublica（2016年5月23日）
作　者：Julia Angwin、Jeff Larson、Surya Mattu、Lauren Kirchner

COMPAS是一款由美国科罗拉多大学统计学教授Tim Brennan和负责罪犯矫正项目的Dan Wells合作研发的罪犯评估系统。这套系统在司法审判的各个阶段都会用到，它参与罪犯的量刑决策。在ProPublica的记者深入调查之前，研发人Brennan和Wells对这套系统颇为自豪，认为COMPAS通过量化的方法判断罪犯的性格特质，能做出更精确的判断。

ProPublica的团队对此提出了质疑，他们向佛罗里达州政府申请了Broward县2013年、2014年两年7000多名罪犯的评估报告，将他们的实际作案率和COMPAS计算的累犯率进行比对，结果看到，在相似犯罪记录的情况下，COMPAS预测黑人比白人犯罪的风险系数要高。（见图7.5）

图7.5　COMPAS预测黑人比白人犯罪的风险系数高

在文章中作者也提到，机器系统可能反而加剧了没有根据、不公正的判决。机器算法也许把不同种族之间的教育背景、就业比例、家庭背景等因素考量进去，而这些因素本身就掺杂了歧视。如果司法官员越来越多地依赖这些算法，许多人的命运会因此而改变。

在这些案例中，数据新闻记者们对数据驱动的产品、决策提出了质疑，不再对数据过分迷信，对教育机构、服务行业乃至司法系统进行监督，为普通老百姓争取更多更平等的机会。

## 用数据库展示教授收入的影响因素

案例名：《大学教授收受的美元》（“Dollars for Profs”）
媒　体：ProPublica（2019年12月6日）
作　者：Sisi Wei、Annie Waldman、David Armstrong

ProPublica出品的数据调查报道中，有一个非常有名的案例，叫作“Dollars for Docs——How Industry Doollars Reach Your Doctors”（详见本书第九章），它揭示的是医药公司和医疗器械公司给医生和医院支付的费用，比如演讲费、咨询费、差旅费等。这些数据可以揭示医药公司和医院医生之间的利益关系，对医疗系统起到监督作用。数据来自公开途径（美国医疗保险与救助中心发布的数据），ProPublica的记者做了大量细致的归总、清理工作，使得这些数据可以即取即用。

他们循着相似的思路，制作了另一则数据调查报道《大学教授收受的美元》。它揭示的是大学教授所收受利益的影响。

举个例子，Sharon Donovan和Richard Mattes都是一流大学的营养科学教授，他们都是国家营养健康指导委员会的成员，都和食品工业有着大量的联系。

Sharon Donovan在美国伊利诺伊大学香槟分校任教。因为这是一家公立学校，根据伊利诺伊州的法律，公立学校的老师需要报告自己所接受的各种礼物、酬金、咨询费用，然后由州政府将其公之于众。于是我们看到，这位教授接受了两家婴儿配方食品公司的大量费用。

Richard Mattes则在美国印第安纳州普渡大学任教。普渡大学同样是公立学校，也要求老师报告相关收入，但这类收入被认为是“个人记录”，并不需要公之于众。ProPublica的记者直接致信普渡大学要求查看这些数据，也被拒绝了。

但是，这并不代表他们没有办法了解Richard Mattes教授和食品公司的利益关系，因为在教授发表论文的时候，学术期刊常常要求披露此类信息。所以，记者们阅读了这位教授发表的大量论文，从论文的尾注、脚注之中整理出一些信息。他们发现，这位教授至少从9家公司和行业协会接受了财务资助，其中包括宝洁、百事等。

以上两位教授都是公立大学的，但是美国还有大量的私立大学，包括最著名的常春藤盟校。根据美国的法律体系，私立大学是不需要受制于公共数据法案的，也就根本不需要报告教授所接受的收入。对于这些教授，他们只能采用期刊论文中披露的数据来了解其所接受的利益——当然，问题在于：论文中披露的信息往往不包括具体的资助金额。

此外，还有一种方式获得这类企业的资助信息。美国国立卫生研究院（National Institutes of Health，简称NIH）要求：对于所有由它资助的研究，只要被资助的机构和企业之间存在可能影响研究的利益关系，就必须向NIH报告。ProPublica从NIH获得了2012—2019年的报告数据。

这个调查报道已经收集了超过2.9万份相关记录，此外还有来自NIH的超过8000条数据。在页面上，你可以搜索学者、高校或者相关公司的名字，查找相关记录。（见图7.6）

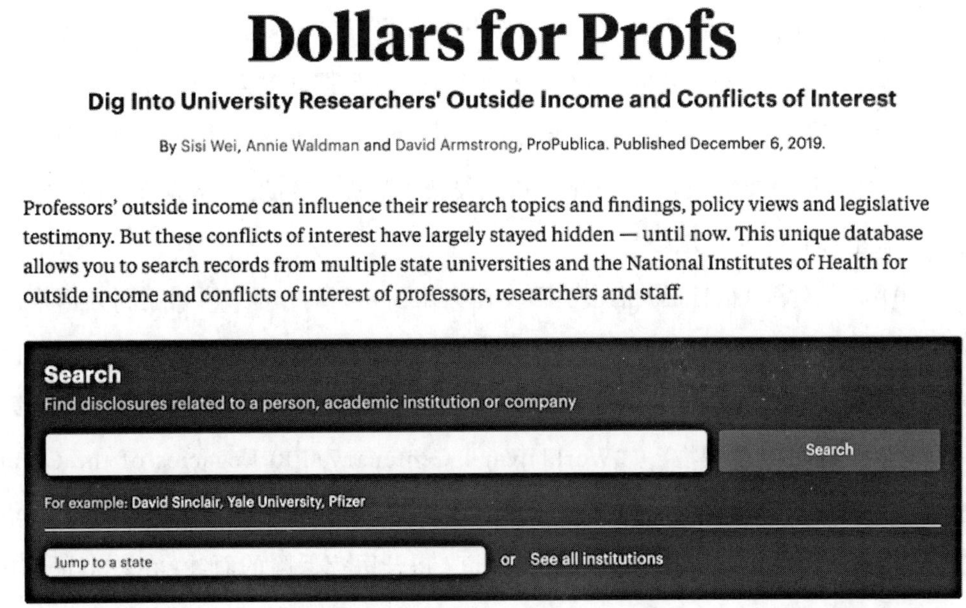


图7.6　查询教授们接受金钱资助的页面

为什么要将学者们和公司之间的这种关系收集并且聚合起来，放到放大镜下观察？用塔夫茨大学生物伦理学专家Sheldon Krimsky的话来说，这类利益关系是会影响研究结果的。即便研究者们是诚实的人，也会受到影响，因为他们会内化（internalize）这些出钱的人的价值观。

早在几十年前，学术界就意识到了这个问题，不少大学开始要求学者报告从外部获得的收入。但是，基本上只依靠学者自己的报告，而不是外部的监督。

直到1999年，18岁的美国青年Jesse Gelsinger在宾夕法尼亚大学接受基因治疗的过程中去世。当时的调查发现，主导实验的研究者存在未披露的利益关系。时任宾夕法尼亚大学生物伦理负责人的Arthur Caplan说，大家认为这种利益关系导致实验的管理中出现了诸多问题。自此之后，很多大学加强了对利益关系报告的要求。

然而，这样的报告依然是非常分散的。ProPublica的这个调查报道，意义就在于将分散于各处的信息整合起来，形成了重要的公众监督。依靠其数据库，更多的媒体可以发现新闻线索，进行深入的个案调查。

无论是“Dollars for Docs”还是“Dollars for Profs”，其实都遵循着调查报道长期以来的金科玉律：Follow the money，追踪钱的流动，就是揭示利益关系的关键。而数据新闻为此提供了更为系统、高效和直观的展示方式。

## 媒体档案

《华尔街日报》创立于1889年，属于美国新闻集团（News Corp）旗下的道琼斯公司，内容侧重于商业金融新闻，风格以严肃见长。在数据新闻兴起之初，《华尔街日报》就做了不少创新尝试，从2008年的美国总统大选地图，2010年的失业率分布热力图，到2012年的Political Moneyball追踪候选人的资金赞助，其数据新闻团队在内容和形式上都有不少突破。

2014年，《华尔街日报》推出了不少让人眼前一亮的作品。比如亚洲分部推出的《消失的记忆：香港九龙城寨》，以多媒体和数据结合的形式讲述这个曾经是世界上人口密度最高的神秘之地。2014年6月伦敦分部启动了一个大型数字作品《第一次世界大战：100件遗物》（“World War I Centenary: 100 Legacies of the Great War”），旨在向英国以外的地区展示第一次世界大战“遗物”的全景。同年，《华尔街日报》做了一系列数据驱动的调查报道《揭开医疗保险的面纱：在数字背后》（“Medicare Unmasked: Behind the Numbers”），这一系列报道迫使美国政府于

2014年4月首次公开了自1979年以来一直保密的医保数据，调查记者们通过分析这些数据披露了美国这套复杂的医保体系是如何滥用纳税人钱的。

随着移动化趋势的加剧，《华尔街日报》也抓住了这个机遇，开辟了一系列移动端的数据新闻产品。在尼曼实验室的一篇长篇采访中，《华尔街日报》全球视觉负责人Jessica Yu认为各种新的设备平台都有它们独特的机会，如陀螺仪能感测倾斜和运动，地理定位以及内置摄像头也都有各自的优势可以利用。比如在《华尔街日报》的作品《2050年的世界》中，读者倾斜手中的手机时，就会发现位于顶部的晶状体插图是一个“复活节彩蛋”。《从冥王星到太阳》项目中，移动端的设计也和桌面端很不一样，采用了垂直滚屏和展示信息卡的方式。2015年的作品《林肯中心芭蕾舞演员的幕后》（“Behind the Scenes With a Ballerina at Lincoln Center”）采用虚拟现实技术，提供了360度的全景视角，便于读者观察芭蕾舞女演员的排演练习。他们还推出了VR栏目，做了不少有意思的VR项目。《纳斯达克的又一次泡沫？》（“Is the Nasdaq in Another Bubble?”）的VR项目让读者以坐过山车的形式体验纳斯达克时间序列的起起伏伏。

**名词解释**

虚拟现实（Virtual Reality，简称VR）：利用模拟生成一个三维空间的虚拟世界，让使用者身临其境，沉浸在该虚拟空间内。

值得一提的是，《华尔街日报》的绘图风格一直也独具风格，R语言里的绘图工具中还有《华尔街日报》的颜色主题。①其图像总监Dona Wong在2010年时写过一本信息图设计指南的书——*The Wall Street Journal Guide to Information Graphics*，2013年时更新了第二版，指导视觉记者、图片编辑更好地理解数据和制作信息图。

## 数据百科

1.美国斯坦福大学教育数据库

https://cepa.stanford.edu/seda/data-archive

---

① 资料参见：Rggtheme Wall Street Journal color palette, https: //github.com/jrnold/ggthemes#wall-street-journal.

2.College Scorecard Data

https://collegescorecard.ed.gov/data

3.美国国家教育数据中心

http://nces.ed.gov/ccd/pubschuniv.asp

4.OECD教育数据库

http://www.oecd.org/education/database.htm

5.世界高等教育数据库

http://www.whed.net

## 延伸阅读

1.15个直击人心的数据可视化案例

https://m.sohu.com/n/480710781/

2.Python网络爬虫与信息提取

http://www.icourse163.org/course/BIT-1001870001#/info

3.Python网络爬虫实战项目代码大全

http://www.jianshu.com/p/78684e5a7916

## 思考题

1.数据可视化中一般都有哪几种视角?能否各通过一个案例进行说明?

2.如果有媒体希望你用数据新闻的方式揭示中国的城乡教育差异,你会怎样操作?

3.虚拟现实技术对媒体来说意味着怎样的机会和挑战?

# Chapter 8
# 第八章　文化体育

- 散点图分析球员身高和胜率的相关性
- 流线图显示奥运奖牌的发展史
- 网状图展现足球运动员的关系网
- 数据云点重构音乐作品
- 数据撕开奥斯卡权力塔尖的面纱
- 媒体档案

本书开头曾经提到，体育是数据新闻的重要应用领域。每当谈到体育赛事，媒体报道中必然充斥着各种数据——奥运会各项赛事的破纪录、NBA中的进攻防守纪录、网球公开赛中的大满贯等。各种排行榜、技术分析视频、可视化早已屡见不鲜，体育报道也因此成为各种数据新闻新技术的试验田。在文化艺术话题上，媒体也有许多创意作品。

## 散点图分析球员身高和胜率的相关性

案例名：《全美大学生篮球比赛：队员长得越高，越容易夺冠吗？》（“March Madness: Do the Tallest Teams Always Win the NCAA Championship?”）

媒　体：《卫报》（2013年3月18日）

作　者：Harry J. Enten

生活中人们常常会调侃个子高的朋友可以去打篮球，许多篮球俱乐部在进行球员交易、挑选新秀时，也会对球员各方面的数据进行分析比对，争取相对高的投资回报。那么在各项因素的权衡中，身高占多大比重呢？

为了回答这个问题，《卫报》的记者们制作了《全美大学生篮球比赛：队员长得越高，越容易夺冠吗？》这个作品。他们基于全美大学生体育协会（NCAA）的篮球比赛数据，收集了2012—2013年赛季5000场比赛的资料，对每个球队的球员平均身高和团队胜率做了相关性分析（见图8.1）。

统计分析结果显示，在347支大学球队中，进入淘汰赛的68个球队队员平均身高比未进入淘汰赛的球队队员平均身高高1.65厘米。除了联赛前25名的明星球队，大部分球员身高和胜率呈正相关关系：身高越高，胜率越大。

该作品的左侧是过滤和搜索菜单，可以选择一些常见的群组——常青藤盟校、太平洋12校联盟、中部大12联盟等，也可以搜索单独学校或者选择两个学校进行比

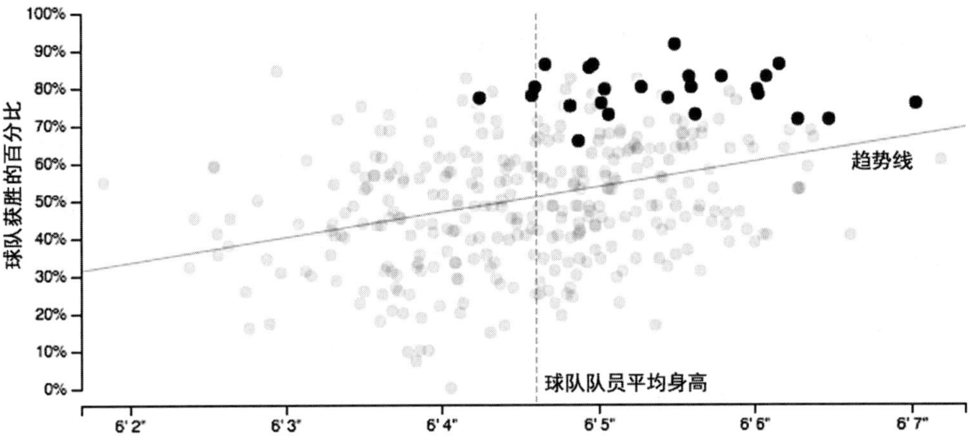


图8.1　NCAA球队身高和胜率相关性分析交互页面（散点图）

对，作品的右侧是散点图（见图8.1），每个点代表一支大学球队，横坐标为球队队员平均身高，括号里的数字代表胜负场数，纵坐标代表胜率。作品下方的信息图给略显枯燥的散点图增加了一些趣味，每个学校的一行剪影显示上场最多的10名球员的身高，球员的剪影深浅代表上场时间的长短。在处理数据时，为了防止统计数据出现偏差，编辑们选取的是每个球队实际上场比赛的球员，且对他们上场的时长也进行了加权处理。

这个作品传达了一个信息，在篮球比赛中，排除其他因素，球员的身高确实是一个挺重要的因素。在数据解读中，作者们也做出总结：在这个分析中，身高因素对胜率的影响大约占11%，他们也在思考是不是下一步可以分析肤色的影响。

**名词解释**

散点图（Scatter Plot）：用两组数据分别构成一个直角坐标系的两个轴，数据点分布在直角坐标系平面上的图表形式。

作品中用到的散点图经常被用在回归分析中，一组数据点在直角坐标系中显示因变量和自变量的变化趋势，建模时可以选择不同的函数对数据点进行拟合。散点图可以相对直观地显示出变量之间的关联趋势，以及该趋势是直线还是曲线、是斜线还是水平线，当数据点足够多时，分析也更准确。同时，散点图还可以清晰地识别出离群点。不少数据新闻作品中都使用到散点图。

**名词解释**

离群点（Outlier）：也称异常点，指和主体数据相距较远、更为“极端”“异常”的数据点。

美国篮球明星球员斯蒂芬·库里（Stephen Curry）从NCAA打到NBA，神奇地打破了无数三分球的纪录，在2016年4月战胜灰熊队的比赛后，他的单赛季三分球命中数达到了402个，成为NBA历史上第一位三分球命中数突破400个大关的球员，同时他三分线外出手886次也刷新了NBA纪录，没有人在这么多次出手的情况下还能保持命中率超过库里的45.4%。

FiveThirtyEight在作品《斯蒂芬·库里是场革命》（“Stephen Curry Is the Revolution”）中将库里的投球能力和NBA其他球员的进行了横向分析比对，Benjamin Morris统计了2014—2015年赛季（截至2015年11月底）所有的投球数据并进行了分析，绘制了一幅投球数和得分值的散点图。（见图8.2）

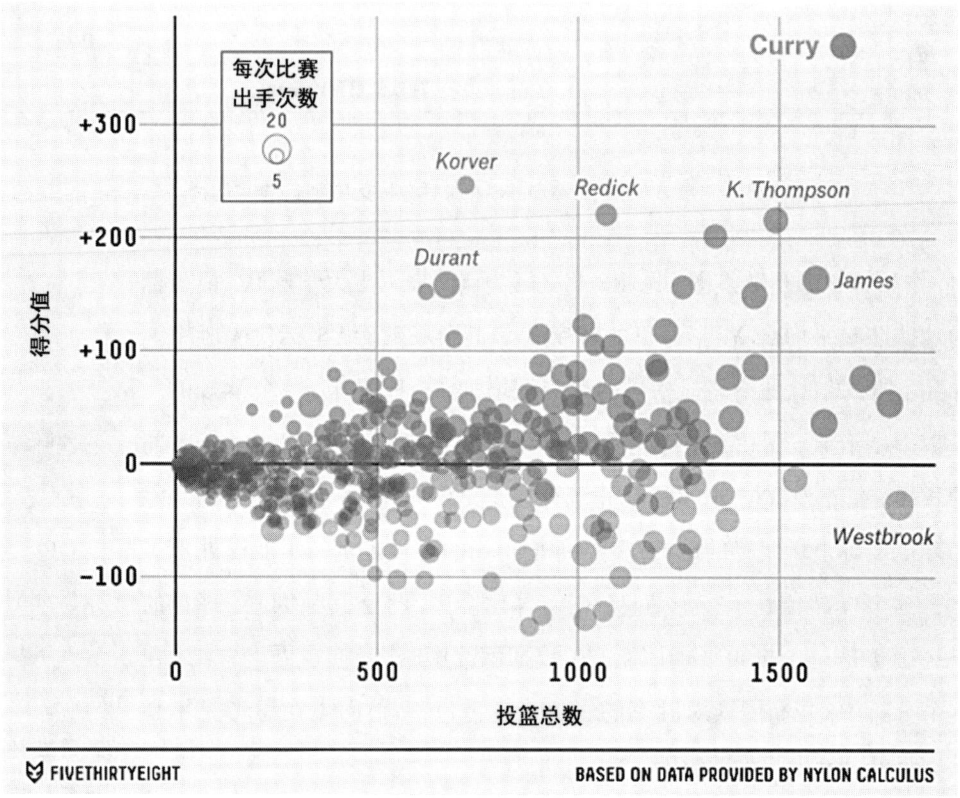


图8.2 2014—2015年赛季库里的投球数和得分值散点图

在该赛季投球数超过200个的球员中，库里的投球命中率排名第四；但是库里的投球总数超过了1600个，其他三人投球总数还不到库里的一半。FiveThreeEight的另一张投球位置散点图，更直观地显示了库里在球场内各个角度上奇准的命中率（见图8.3）。《洛杉矶时报》在科比退役时，也制作过一张类似的投球位置散点图，对科比20年职业生涯中的30 000多次投球进行了映射。

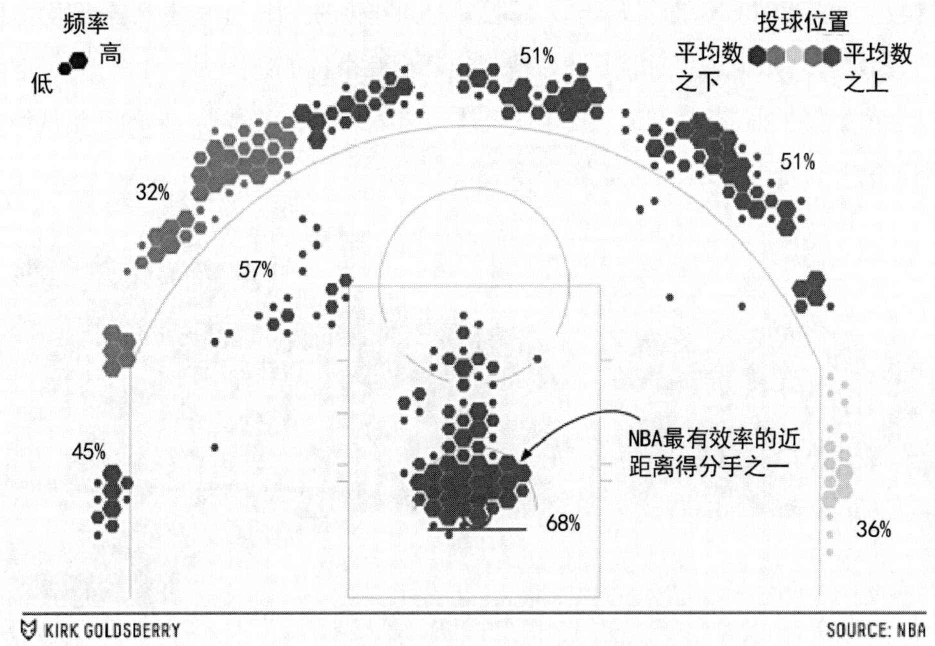


图8.3 2015—2016年赛季库里的投球位置散点图

## 流线图显示奥运奖牌的发展史

全世界最大的体育盛事非四年一度的奥运会莫属了，从1896年第一届雅典运动会10个国家/区域获得奖牌到2016年里约热内卢奥运会87个国家/区域获得奖牌，奥运会的百年历史也是世界体育的发展史。《纽约时报》下面这个作品从视觉角度诠释了这部发展史。

案例名：《奥运奖牌榜百年视觉史》（“A Visual History of Which Countries Have Dominated the Summer Olympics”）

媒 体：《纽约时报》（2016年8月22日）

作 者：Gregor Aisch、Larry Buchanan

流线图8.4中的横坐标是每届奥运会的时间轴，纵坐标是所有国家/区域历届奖牌数的总和，每个国家/地区用一种颜色表示，每个色块的高度代表这个国家/地区的奖牌数。从流线图上不仅可以看到奖牌数随时间变化的规律，也能看到各个国家/地区奖牌数的多寡。从这个作品中可以清晰地看到几个特征："一战"和"二战"期间奥运会的暂停举办，苏联和民主德国的解体，美国和苏联"冷战"时期的互相抵制，亚洲国家尤其是中国的崛起，等等。（见图8.4）

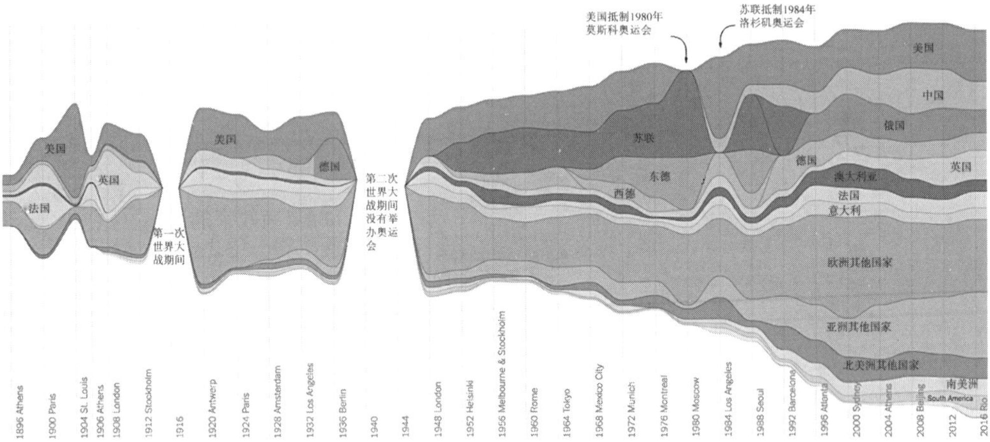


图8.4 世界各国百年奥运奖牌榜流线图

《奥运奖牌榜百年视觉史》还将各国的奖牌数按照体育项目进行拆分，读者可以看到更多有意思的数据。一个最明显的特点就是大部分国家都是在某些项目上"偏科"，比如巴西就非常擅长场地自行车，肯尼亚和埃塞俄比亚运动员几乎包揽了长跑项目，中国在乒乓球和羽毛球上基本从不失手，等等。也可以看到一些项目，比如网球，在奥运赛场上的退出和加入。

在作品的制作上，作者用标签和逐段说明的方式帮助读者理解奥运会的各类项目。相同的数据，他们还用气泡图加列表方式做了另一种演绎：Rio Olympics Results 2016，时间维度需要通过菜单切换。

流线图很适合展示随时间变化的信息，无论是用R还是用D3.JS都很容易绘制。Twitter制作过美国国情咨文发布期间用户所发Tweets中随时间变化的话题标签。[①]《连线》（*Wired*）杂志和Pitch Interactive工作室在2010年合作过一幅流线图，显示纽约人在一天中超过30 000个投诉电话的内容变化。（见图8.5）

① 资料来源：http://twitter.github.io/interactive/sotu2014.

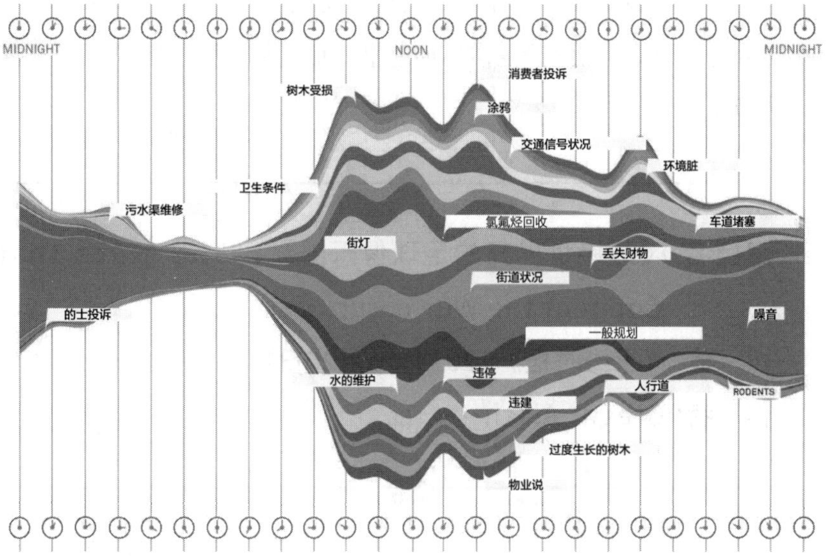


图8.5　纽约居民一天24小时的投诉内容

《连线》这幅作品的作者在分析中提到，通过对这些数据特征进行识别，可以更好地帮助政府的信息管理系统优化相关资源。早在2010年，纽约市政府相关部门就在智能城市方面进行了一些尝试，他们会提取这些投诉信息中关于涂鸦或者交通的信息加以利用，比如说如果某个街区经常出现的士紧缺、汽车拥堵，政府就可以考虑在这些街区沿线修建新的地铁线。

提到城市政府的数据公开，不得不说，纽约市在这方面就领先于其他城市太多。根据纽约市的法律，到2018年，全市所有的政府机构都将公开公共数据①，让每一位市民都能轻松获得城市的公共数据，市政府鼓励媒体机构和市民通过分析公共数据，对城市建设提出可行的建议。

**名词解释**

数据公开（Open Data）：一般指各级政府将不涉及机密的公共数据公开发布给个人和机构使用。数据公开有利于提高政府的公共服务质量，提高人们对政府的满意度和信任度。

## 网状图展现足球运动员的关系网

四年一度的盛会除了奥运会就非国际足联世界杯（简称“世界杯”）莫属了。虽然各国最优秀的足球队员每四年才能交战一次，但职

① NYC Open Data, https: //nycopendata.socrata.com.

业球员在各种顶级联赛中还是经常有机会切磋。在世界杯所有参赛球员中，四分之三效力于欧洲俱乐部，如巴塞罗那、拜仁慕尼黑、曼联、皇家马德里等。

案例名：《连接世界杯的足球俱乐部》（“The Clubs that Connect the World Cup”）
媒　体：《纽约时报》（2014年6月20日）
作　者：Gregor Aisch

在《纽约时报》2014年《连接世界杯的足球俱乐部》这个作品中，数据新闻记者Gregor Aisch将包含两名以上国家队球员的俱乐部罗列了出来，通过共同球员将俱乐部和各个国家队连接起来。关系网的外围是国家队，关系网内部的主要绿色节点是欧洲俱乐部，其他内部彩色节点是各大洲其他俱乐部，灰色的小节点代表每名球员。（参见附录：图Ⅷ–1）

在正文梳理中，作者高亮了一些关键数据事实。比如巴西和阿根廷两支死对头的代表球星，巴西的内马尔和西班牙的梅西同为巴塞罗那俱乐部的队员。其他8名巴西队员和12名阿根廷队员共同效力于欧洲俱乐部。这幅关系网图也是可交互的，不难发现，欧洲俱乐部中的大佬拜仁慕尼黑和曼联各有14名国家队成员，影响力不可谓不大。（参见附录：图Ⅷ–2）

**名词解释**

网状图（Network Graph）：指由点（node）和线（edge）连接而成的网络形状的图表，常用于描绘相对复杂的关系信息。

网状图常见于各种数据新闻项目中，用来表示相对复杂的关系。不少有关电影话题或是人物话题的作品中常会用到这种表现形式。本书第一章所提到的《星球大战》人物关系图就是一例。

网状图有不少变形，也可以和其他形式的图结合在一起。它可以与地图相结合，比如Martin Grandjean[①]制作的与地图结合的航班飞

① Martin Grandjean，专攻数字人文、数据可视化和网络分析，个人网站：http://www.martingrandjean.ch.

行特征网[①]；也可以与树图结合，比如Fathom工作室[②]为20世纪70年代美国经典肥皂剧《全家福》（*All in The Family*）及其衍生剧中所有的人物角色制作了一个家族树[③]；也可以做一些非常规的拓展，比如《纽约时报》对电影导演和明星关系网的分析作品《导演的星座和他们的明星们》（“Constellations of Directors and Their Stars”）。

提到网状图的制作，很多人的首选工具是Gephi[④]。Martin Grandjean就有一篇很详细的Gephi入门指导帖[⑤]，不少可视化书籍中也有相关介绍。在网页端，除了D3.JS，Sigma.JS是最常用的JavaScript库，VivaGraph.JS也是很高效的网状图渲染库。

不少媒体在数据新闻领域常用网状图来显示复杂关系，但更深一步做网络分析（Network Analysis）的却很少。网络分析也被称作链接分析，主要用来描述多样化的个人和组织之间的关系，它在情报和法律执行领域被广泛运用。在美国哥伦比亚大学计算新闻学的课程上，有关于这个技术背后的算法分析以及在实际问题中的运用讲解。[⑥]

## 数据云点重构音乐作品

案例名：《弦乐四重奏内部》（“Inside the Quartet”）
媒　体：《纽约时报》（作者和发表时间不详）

这是一幅很“神奇”的作品，它以一种特殊的视频方式演绎弦乐四重奏中各位演奏家的互动合作。它是《纽约时报》在数据、创意、新闻交叉领域的一次创新。

---

① GRANDJEAN.Air transportation network [EB/OL]. [2018-06-11] .http: //www.martingrandjean.ch/connected-world-air-traffic-network.

② Fathom工作室是一家基于波士顿的数据可视化工作室，经常与各家媒体合作，制作过许多经典的数据新闻作品。工作室的创始人之一是大名鼎鼎的Ben Fry，数据可视化语言Processing的主要作者，著有*Visualizing Data*，*Processing*: *A Programming Handbook for Visual Designers and Artists*等书。工作室链接：https: //fathom.info.

③ FATHOM. All in the family tree [EB/OL]. [2018-06-18] .https: //fathom.info/allinthefamilytree.

④ Gephi工具官网：https: //gephi.org.

⑤ GRANDJEAN.http: //www.martingrandjean.ch/gephi-introduction.

⑥ 资料参见http: //www.compjournalism.com Week 10–Network Analysis.

弦乐四重奏是一种常见的音乐演奏形式，通常由两把小提琴、一把中提琴和一把大提琴合作，演绎四乐章的作品，和交响曲一样有着比较复杂的结构。但是弦乐四重奏不像管弦乐队有那么多丰富的乐器音色可以演绎，只能以音乐本身、团队的合作来表现。不少作曲家认为弦乐四重奏是一种最私人又最具表现力的艺术形式。

《纽约时报》的这幅作品《弦乐四重奏内部》邀请了旧金山的乐队Kronos Quartet团队进行实验，四位演奏家被包围在一堆计算机、摄影机、传声器、传感器中，这些设备记录下他们的活动并将之转换为数据点，最后呈现在视频中，每位演奏家会以“点云”（dot clouds）的方式出现，各自的点云会随着他们在演奏中的参与程度淡进淡出。（见图8.6）

图8.6 以“点云”方式显示的小提琴家的演奏

对于弦乐演奏小团体来说，肢体语言、互相暗示、协调节奏都很重要，在这幅作品中，记者们用文字和纪录片穿插的形式探讨这个话题，演奏家们通过观察这种数据呈现方式，能更好地理解演奏伙伴是怎么样领会自己的肢体暗示并予以配合的（见图8.7）。

这已经不是《纽约时报》第一次对音乐话题进行创意解读了。在2012年的作品《连接音乐和手势》（“Connecting Music and Gesture”）中，《纽约时报》与纽约大学动作实验室合作对纽约爱乐交响乐团的指挥家Alan Gilbert的指挥表演进行了动作捕捉。他们用合成动画显示Gilbert的身体摆动，用淡蓝色的延时光影显示他的手指随音乐移动的轨迹。（见图8.8）

图8.7　演奏家谈论肢体语言和暗示

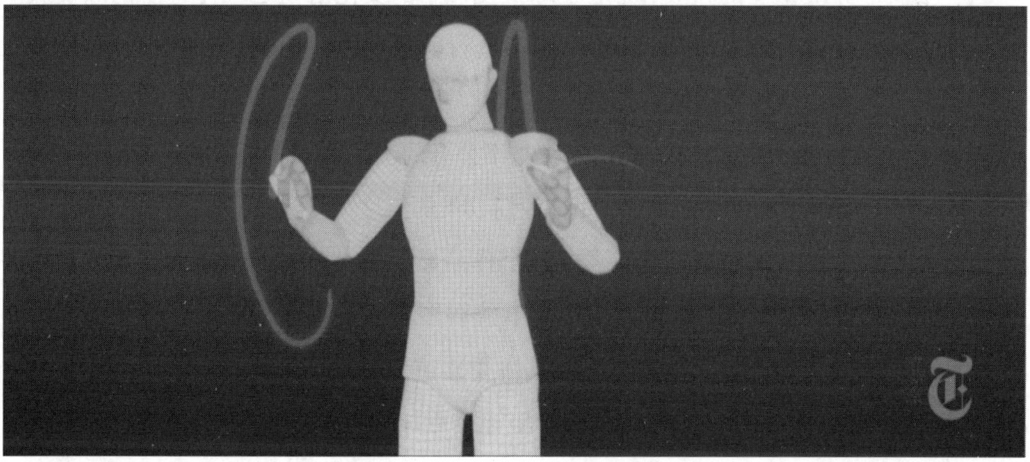

图8.8　合成动画捕捉指挥家的手势

这个作品可以帮助一些读者理解指挥究竟有什么作用。Gilbert在采访中也说，好的指挥能激发演奏者表现出最好的自己以及表达自己对音乐的理解。

Google的Creative Lab的创意总监Alexander Chen[①]也创作过好几个关于音乐的可视化作品。在2011年，他发布了MTA.ME，将纽约地铁繁忙的交通情况转换成弦乐乐谱。他还将巴赫的大提琴系列以可视化的方式进行展示。在2016年，他在Google上

① Alexander Chen，个人网站http: //www.chenalexander.com.他在2014年Visualized大会上的演讲参见http: //visualized.com/2014/presents/alexander-chen.

> **名词解释**
>
> 动作捕捉（Motion Capture）：指记录并处理人或其他物体运动轨迹的技术。

线了Chrome Music Lab[1]，通过网页技术让各个年龄层的大众都能更好地理解音乐。他们的团队通过音乐家和程序员的合作，发布了一系列Web Audio API，让大家可以在网页端创造分析声音的数据作品。

## 数据撕开奥斯卡权力塔尖的面纱

案例名：《揭秘奥斯卡评委》（“Unmasking the Oscar voter”）
媒　体：《洛杉矶时报》（2012年7月11日）
作　者：Amy Kaufman、Steve Zeitchik

奥斯卡金像奖是历史最悠久的演艺奖项，它不仅是美国电影文化界最重要的盛宴，也是全球最受瞩目的文化活动之 一，每年的颁奖典礼都会在全球超过100个国家进行电视直播。获得提名的电影，由学院会员对其奖项进行投票。

评委的名单一直以来都是不公开的，《洛杉矶时报》的记者们逐一地确认了5000多名评委，并将他们收集的信息做了统计。

《揭秘奥斯卡评委》这个作品显示的是2012年奥斯卡金像奖评委的统计结果，编辑们用很简单的饼图和方块面积图展示了主要发现：白人评委比重约94%，男性评委比重约77%，60岁以上的评委比重约54%。尽管官方一直声称希望评委更加具有多样性，但这种情况到2016年也并没有好转。在2016年的统计中，白人评委仍高达96%，男性评委仍高达76%。（见图8.9）

作品下方的细分图将评委按照16类进行细分，点击左侧的导航会跳转到类别页面，在该类别里可以看到男女的比例、年龄中位数、白人评委的比例等。图中间还有该类评委的地理位置分布，它以颜色的深浅表示人数的多寡。图8.10是艺术总监类评委的构成，从中可以很明显地看出其构成的单一性。

---

① CHEN.Chrome music lab［EB/OL］.［2018-07-15］.https: //musiclab.chromeexperiments.com.他用到的技术有WebGL, Microphone Input, Tone.JS, PIXI.JS。

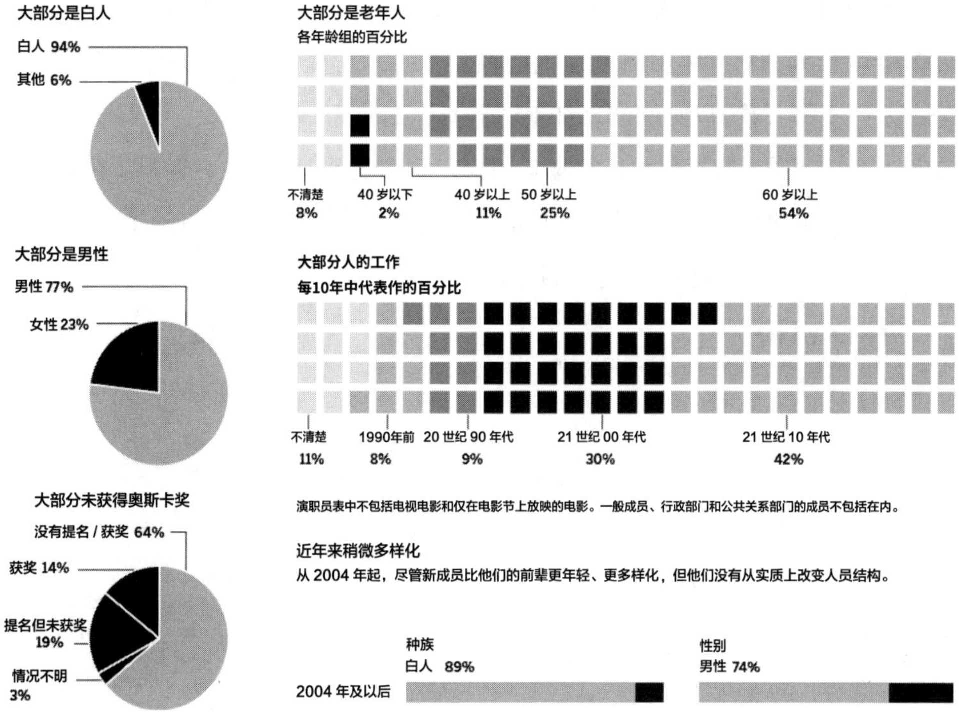


图8.9　奥斯卡评委统计

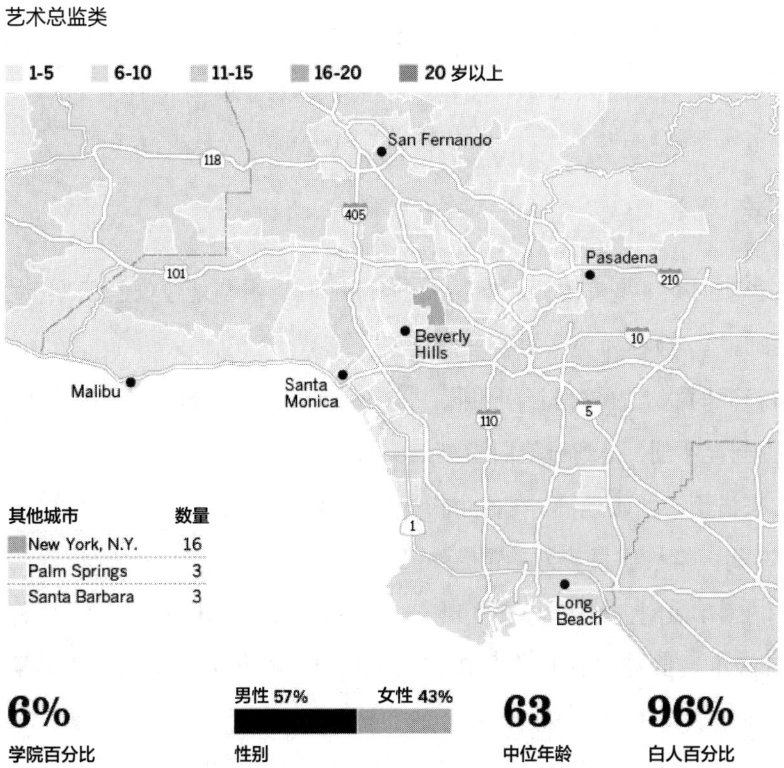


图8.10　奥斯卡评委的细分信息（艺术总监类）

2016年《洛杉矶时报》的编辑们在统计了最新一年的数据后，对官方提出在2020年女性和非白人评委翻倍的目标进行了评估。学院每年将大幅增加邀请女性和非白人评委的人数，以实现2020年其人数翻倍的目标。从图8.11中可以看到，按照现在官方邀请评委人数逐年增长的速度，完全不可能达到目标。只有将调节杆调到最大值——每年多邀请375名女性以及134名非白人评委的情况下，才有可能完成期望的目标。从2016年的情况来看，这个目标遥遥无期。

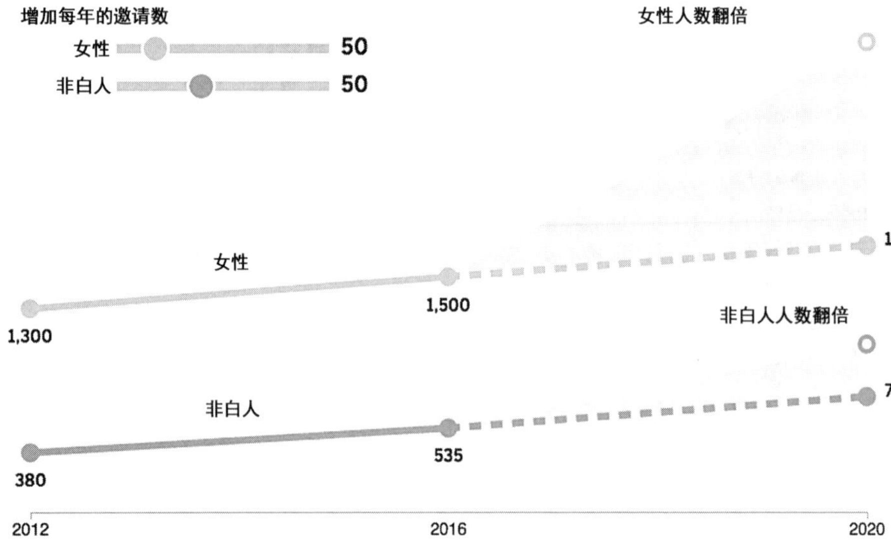


图8.11　2020年达到女性和非白人评委人数翻倍目标的可行性

## 媒体档案

《洛杉矶时报》是美国西海岸最大的日报，其影响与地位仅次于《纽约时报》和《华盛顿邮报》，被称为美国的第三大报。

《洛杉矶时报》的数据新闻团队Data Desk早在数据新闻兴起之初就有不俗表现。《数据新闻手册》提到过他们绘制的洛杉矶项目（Mapping L.A.），它最初是以众包的形式来描绘洛杉矶地图。在各个街区的边界被广泛接受后，他们做了一系列以街区犯罪率、街区学校质量等为主题的作品。

他们在Github上也还算活跃（https://github.com/datadesk），会将自己制作的数据新闻工具或是可视化作品源码公布出来。在体育、娱乐、犯罪等话题上，Data Desk团队有不少精彩的作品。他们擅长利用各种现成的工具，如Leaflet、OpenStreetMap等。

## 数据百科

1.体育数据库

http: //www.sports-reference.com

2.NBA

http: //www.basketball-reference.com

这个网站可以说是最全的NBA数据库了，统计了所有球员、教练、历届比赛的信息和分数，同时也有女篮、奥林匹克赛事的相关数据。现在，他们也开始收集冰球赛事、全美大学生足球赛、全美职业足球赛、全美大学生篮球赛的相关信息。

3.奥林匹克

http: //www.sports-reference.com/olympics

4.足球

http: //www.pro-football-reference.com

5.冰球

http: //www.hockey-reference.com

6.公开电影数据库

http: //www.omdbapi.com

## 延伸阅读

1.如何用大数据预测球赛比分

https: //baike.baidu.com/tashuo/browse/content? id=1fc9491350b8991d62aa3998

2.体育解说员已死：有了这个数据系统，观众懂得比你多……

https: //www.huxiu.com/article/20992.html

## 思考题

1.你喜欢的体育项目是什么？其中涉及哪些数据？如何进行可视化表达？

2.数据新闻会取代体育解说员的角色吗？为什么？

3.在现场听演唱会时，你有没有注意到哪些可视化的元素？

# Chapter 9
# 第九章　公共卫生

- 用热力图显示疫苗对抗传染病的发展史
- 用弦图显示食品添加剂构成
- 用多线时间图显示全球人口喝水问题
- 用强大的数据分析揭露私人医生与药品公司之间的秘密交易
- 发挥民间力量，整合新冠肺炎疫情数据
- 媒体档案

2020年开始的新冠肺炎疫情提醒了我们公共卫生的重要性。公共卫生是关系一国或一个地区人民健康的公共事业，具体内容不仅包括传统意义上的医疗，也包括对传染病的预防、对食品药品安全的监管等。由于事关生命健康，媒体在公共卫生领域的监督报道意义重大。

## 用热力图显示疫苗对抗传染病的发展史

在人类发展史上，不少传染病曾经造成过大规模的人口死亡，可怕到摧毁整个城市和文明。在20世纪初，麻疹、腮腺炎、百日咳、风疹等传染病都曾经造成过不小的恐慌。21世纪初发生在中国等地的非典型性肺炎（SARS）疫情给很多人留下了深刻印象。

随着各种疫苗的出现，传染病得到了有效控制。在美国，一些年轻的父母认为给孩子注射疫苗不再有必要，掀起了一阵反疫苗热潮。

案例名：《20世纪对抗传染病的历史：疫苗的影响》（“Battling Infectious Diseases in the 20th Century：the Impact of Vaccines”）
媒　体：《华尔街日报》（2015年2月11日）
作　者：Tynan DeBold、Dov Friedman

《华尔街日报》的编辑们对7种有名的传染病过去70多年在美国50个州的发病案例进行了分析，试图解释疫苗对预防传染病的作用。作品共有7幅小的热力图，显示该传染病在过去几十年间发病的情况，每个色块的颜色显示的是每10万人中发病案例的数量，黑色的竖线显示疫苗引入的时间点。纵坐标为美国各州名称，横坐标为年份。这个作品获得了DJA 2015年最佳数据可视化作品奖。图9.1显示了小儿麻痹症在过去几十年间的发病情况。

从视觉上来说，这个作品并不是很复杂，7幅小热力图旨在传达一个简单的信息——疫苗引入后，相关疾病的发病案例在各地都大大减少了。在制作上，编辑们使用了简单的Highcharts[①]绘制库，数据来源于美国匹兹堡大学的Tycho Project[②]。

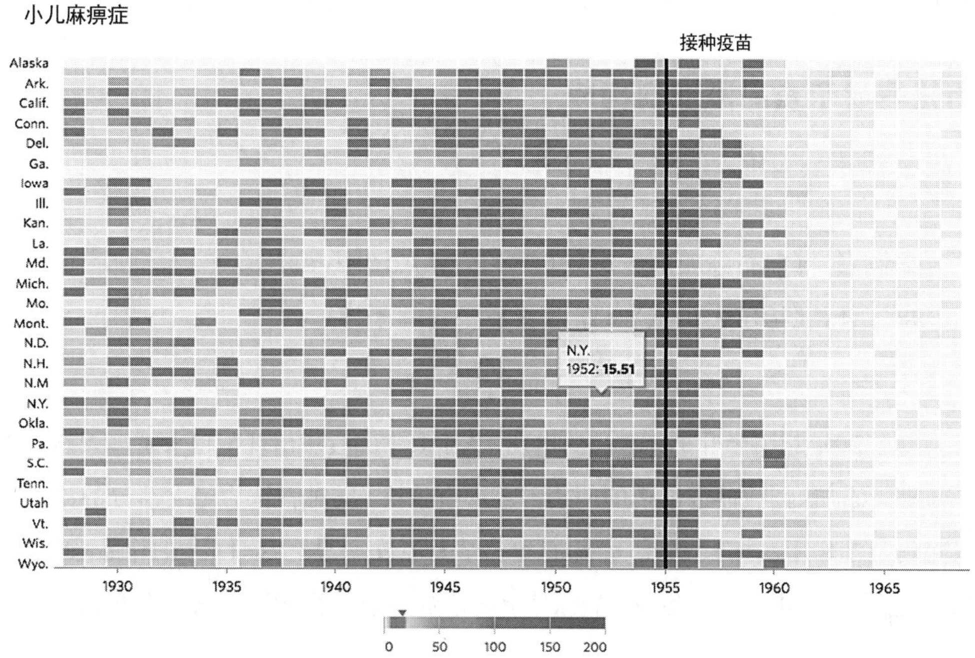


图9.1 小儿麻痹症在过去几十年间的发病情况

这个作品在Twitter上引起了不小的关注，主要原因在于美国近些年兴起的反疫苗运动。不少反疫苗人士认为，近些年相关疾病案例的大规模减少，不是因为疫苗注射，而是因为人类居住环境卫生质量的提高；反对者们对注射疫苗给人体带来的副作用的担心甚至超过对不注射疫苗感染疾病的担心。美国儿科学会的研究显示，2016年，有87%的儿科医生收到了父母提出的拒绝给孩子打疫苗的请求，而在2013年，这一比例还只有 74.5%，不少儿科医生对此表示担忧。到2014年，美国有48个州的法规允许因信仰原因不执行强制疫苗注射，24个州允许因个人原因不执行强制疫苗注射。

在这个作品中，编辑们没有直接表明立场，也没有简单地得出结论说疫苗可以防止疾病感染。但是其传达的简单信息，支持了科学家们想要表达的观点——接种疫苗是有效的。从黑色的时间轴上可以看到，不是疫苗一成功研发就导致发病案例的骤减，而是在疫苗引入后的一段时间内，发病率逐渐降低，而且每种疾病的减缓速

① Highcharts，非常流行的基于Canvas的绘制库。其网址：http: //www.highcharts.com.

② The Tycho Project，收集公共医疗健康数据，将更多的数据整理公开给大众。其网址：http: //www.tycho.pitt.edu.

度是不同的，这是因为人体对每种疫苗的反应机制不相同。这也从侧面印证了，虽然卫生环境的改善可以降低病毒的传播概率，但疫苗的作用是显著有效的。

## 用弦图显示食品添加剂构成

案例名：《食品添加剂一览》（“Axis of Additives”）

媒　体：《华尔街日报》（作者和发表时间不详）

随着20世纪下半叶加工食品的出现，人们日常饮食中出现了越来越多天然和人工合成的添加剂。食品添加剂的使用一直都有争议，反对者认为绝大部分的添加剂只起到装饰作用，香料、甜味剂、染色剂占了大多数。《华尔街日报》的作品《食品添加剂一览》对超市货架上各种产品标签上的添加剂进行了分析，试图用数据回答食品添加剂的使用情况。

在这个作品中，编辑们采用了不常见的弦图。这是一种用来表现多维数据关系的展现方式。在传统的弦图中，各个数据点在周边围绕一圈，相连的线表示两者之间的联系。当点的数量过多或者连线过多时，可以将点和线进行合并，避免视觉上过于复杂。

在这个作品中，编辑们就将数据进行了合并简化。作品中的弦图被一分为二，左侧是五大类添加剂——营养添加剂、防腐剂、调味/甜味剂、黏稠剂、着色剂，右侧是超市货架上的十多种食品，比如饮料、零食糖果、肉类海鲜、奶制品等。左侧分类的彩色标签弧长代表的是每种添加剂在超市食品标签上出现的次数，右侧标签的弧长正比于各自包含的添加剂的总和。左右侧的长度单位略有不同，右侧的每一小段只代表这些添加剂所占食品构成的比例。点击每一段标签时，会有简短的解释，比如各种饮料中添加的柠檬酸和色素。（参见附录：图Ⅸ-1）

这幅弦图很简单，数据主要来源于一家专门分析食品标签的公司Label Insight。这家公司除了向普通消费者和零售商提供食品成分分析，还与美国食品药品管理局（FDA）合作，致力于建设一个科学精确的食品成分数据库。从制作角度来看，这幅图采用的是D3.JS中的Chord布局，没有和柱状图或其他图形结合，D3.JS案例库有简单的案例代码。

这幅弦图制作于2014年。如今，弦图在媒体上已不罕见。说到弦图的最早流行，不得不提《纽约时报》在2007年制作的基因相似性分析弦图（由于原图不适合印刷呈现，感兴趣的读者可以自行搜索“Close-Ups of the Genome, Species by Species by Species”查看）。这幅作品将四种动物的基因与人类的基因进行比对，一圈划分出五个物种的基因区域，其他四种动物的基因都与右下侧的人类基因进行比对，连线代表相连两个染色体区域间的相似性，连线越粗说明相似程度越高。这幅作品还结合了其他图表类型：第一，作者用起伏的柱状图来显示老鼠、鸡、猩猩、恒河猴这四个物种自身染色体的各个部分与人类染色体的相似程度；第二，作者用折线图来显示人类染色体与其他四个物种的相似程度——从中可以看到，人类DNA与猩猩和恒河猴的DNA高度相似，与老鼠和鸡的相似程度则较低。在制作上，《纽约时报》选择了弦图制作专业软件Circos[①]，它是一款最早用于染色体序列的绘图软件。

**名词解释**

弦图（Chord Diagram）：通过圆弦来表现多个节点间的单向或双向联结关系的图表类型，弦的宽度代表关系的权重。传统的弦图中，各个数据点在圆圈周边围绕一圈，相连的线表示两者之间的联系。

需要注意的是，虽然弦图看起来酷炫，但是从读者的角度来说，太复杂的视觉效果反而难以传达简单的信息。

## 用多线时间图显示全球人口喝水问题

案例名：《哪里的干净水源正在改善，哪里正在恶化？》（“See Where Access to Clean Water Is Getting Better and Worse”）

媒　体：《国家地理》（2016年3月1日）

作　者：Nicole Washington、Jason Treat、John Kondis

饮用水质量是全世界最关心的公共卫生话题之一，安全和随时可用的水对于公共卫生非常重要，卫生条件差、被污染的水往往是疾病传染的源头。据世界卫生组织报告，2015年，全世界有91%的人能获得经改善的饮用水源，1990年这一比例为76%。1990年以来，26亿人已获得经改

**名词解释**

交互图：邀请读者通过点击、拖动、输入等操作探索数据的一种图表类型。

① Circos, http: //circos.ca.

善的饮用水源。但是与此同时，全球至少有18亿人的饮用水源受粪便污染，6.63亿人靠未经改善的水源生活，其中1.59亿人依靠地表水。

《国家地理》杂志对这个话题进行了分析，并发表了一系列交互图。在多线点图中可以看到全世界各个国家/地区在过去20多年的变化，每条折线代表一个国家/地区，每个节点代表当时无法获得经改善饮用水源的人口数量。总的来说，可以看到全球整体趋势向好的方向发展，但是苏丹、也门、约旦河西岸和加沙地带等却因为战争或动乱呈反向的走势。（见图9.2）

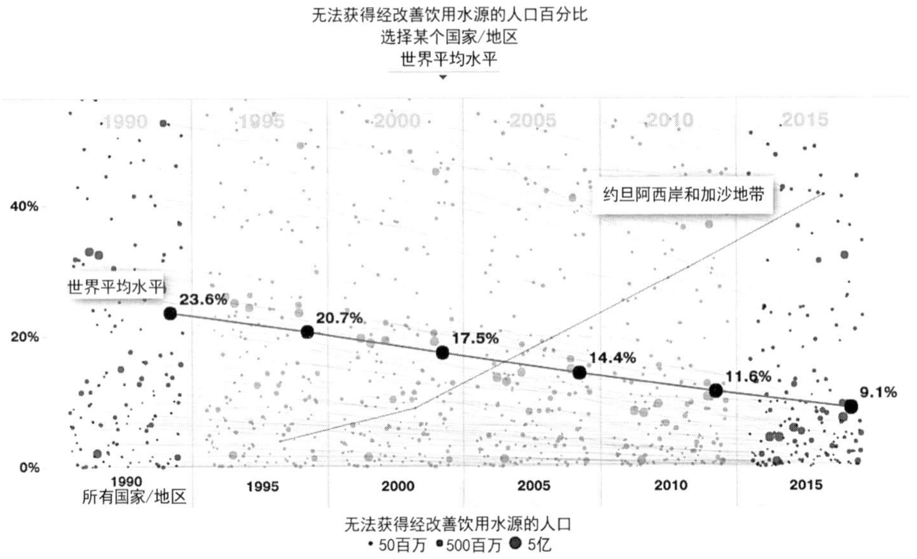


图9.2 全球饮用水25年趋势交互图

最上方的下拉菜单可以高亮某个国家/地区，下方城市、乡村地区的切换按钮可以将各个区域的数据进行过滤，可以明显看到乡村地区人口获得经改善饮用水源的比率偏低，全球范围内只有9个国家/地区达到了联合国的期望指标。从最下方的交互地图上可以看到各个国家/地区无法获得经改善饮用水源人口的数量。在文字报道《过去的25年中有百万人获得了干净水》（“Billions of People Got Clean Water in the Past 25 Years”）中，记者也提到，表面上看来全球人口无法获得经改善饮用水源的比率在降低，但绝大部分的降低贡献其实来源于中国和印度，因为这两个国家人口基数大，贡献率超过50%，其他大部分国家的发展状况却属于缓慢甚至停滞状态。

从项目呈现的角度来看，《国家地理》的这幅作品算不上醒目，重点的数据信息反而需要从文字报道中才知道，而且全球分布地图在视觉上产生了一些误导，会让读者误以为中国、印度、印度尼西亚等人口大国拖了后腿。当然，这幅作品对过去20

多年各国以及世界卫生组织在改善饮用水源上的努力进行了一次梳理，也强调了世界卫生组织在改善饮用水源方面的挑战和未来目标。

## 用强大的数据分析揭露私人医生与药品公司之间的秘密交易

医药公司和医生之间的金钱往来往往让人质疑医生在开具处方时是否会有私心。《华尔街日报》在2016年6月份的一篇报道“Even Cheap Meals Influence Doctors' Drug Prescriptions, Study Suggests”中指出，对于某些疾病，医生完全可以开具成本较低的药品，然而研究却表明，即使是接受医药公司几次宴请也会提高医生开具该公司名贵处方药的概率。《JAMA内部医学》（*JAMA Internal Medicine*）杂志主编Robert Steinbrook在一篇社论中写道，医疗公司的利润导向和医师的自主原则之间不断上升的紧张趋势，让老百姓开始质疑医疗领域的正直和客观。

案例名：《医生收受的美元：医药行业如何影响你的医生》（“Dollars for Docs——How Industry Dollars Reach Your Doctors”）

媒　体：ProPublica（2015年7月1日）

作　者：Mike Tigas、Ryann Grochowski Jones、Charles Ornstein、Lena Groeger

《医生收受的美元：医药行业如何影响你的医生》这个关注医生背后金钱资助的调查报道是ProPublica投入精力最多的项目之一，受到了社会的广泛关注。这个项目在2010年萌芽，彼时ProPublica对几十位从医药公司以咨询、演讲等形式获取超过20万美元费用的医生进行了采访，随后他们不断扩建这个数据库，建立了一个有上百万条记录的庞大系统。直到现在，ProPublica的记者们还在维护这个项目。用户可以从这个应用中搜索自己的医生从医药公司收取了多少额外费用，在给自己开出的处方中是不是存在猫腻。（参见附录：图Ⅸ-2）

从ProPublica的一篇数据博客中可以看到，数据新闻团队的成员们为了得到这些数据可谓下了不少苦功。2010年美国《平价医疗法案》规定，医药公司必须在自己的网站上公布它们与医生的经济往来，这种公布形式可能是HTML表格，也可能是

PDF文件，也有可能是其他形式。针对不同的形式，ProPublica的记者们采取了不同的爬虫处理和数据核查方式。截至2016年3月，他们的数据库中已经收集了超过1500家医药公司、68万医生、近34亿美元金钱交易的信息。

在他们的分析中，编辑们表示：与医疗公司有频繁经济往来的医生更容易向患者开具这些公司的药物。他们将开具相关处方药过千的医师与同类专长的其他医师进行划分，并将其倾向进行比对（见图9.3）。具体的分析方法记录在他们的白皮书中。

| | 平价品牌处方率 | | |
|---|---|---|---|
| | 完全没有经济往来 | 只有餐饮往来 | 其他经济往来 |
| 家庭医疗 | 18.7% | 19.8% | 20.8% |
| 内科 | 19.8% | 21.3% | 22.8% |
| 心血管科 | 19.2% | 20.8% | 22.2% |
| 精神科 | 13.6% | 14.9% | 15.8% |
| 眼科 | 46.4% | 56.0% | 59.3% |

图9.3　医师开具相关处方药的倾向比对

在作品形式上，ProPublica并没有做得非常花哨，而是采用非常简洁的搜索和排行界面。点击每家医药公司、每款药物、每家医院、每位医生就可以看到详细的数据。令人咋舌的是，有些医生竟然从医药公司获取了超过千万美元的收入。比如这位整形外科医生Stephen Burkhart，在2013年到2014年间，收到过129笔来自6家医药公司近2400万美元的付款（见图9.4）。ProPublica的编辑们还贴心地做了一个"问题清单"打印功能，在用户搜到自己的医生后，可以查询医生在相关药物上收到的付款明细，作为自己就诊的参考。

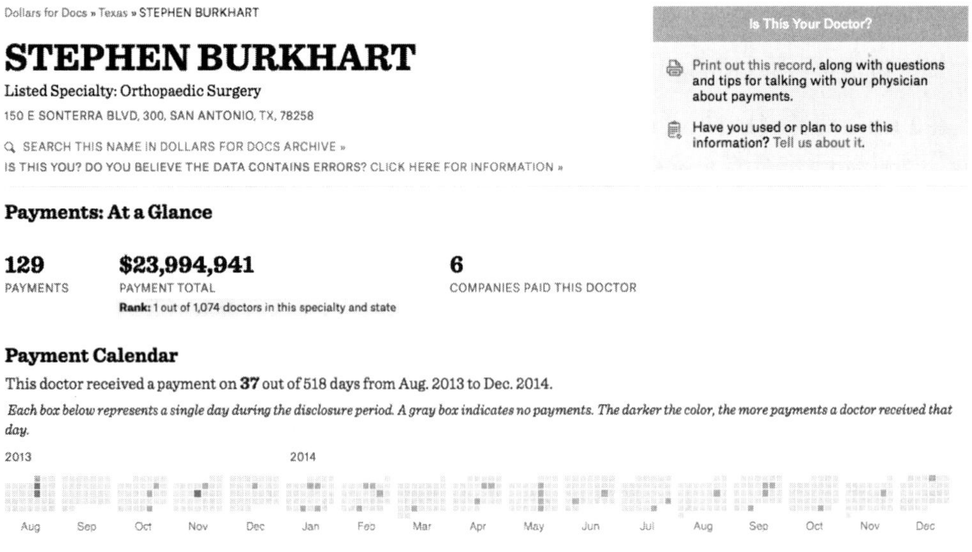


图9.4　整形外科医生Stephen Burkhart的详细经济往来页面

这个作品产生了很大的影响，包括《波士顿环球报》《芝加哥论坛报》和《圣路易斯邮报》，超过125家地方新闻机构基于这一应用的数据对当地医生进行了调查报道。为了应对联邦检举人对企业存在不正当营销和回扣的控诉，这些医药企业纷纷选择公布自己对医生的支付情况。ProPublica的这个作品在2010年获得了IRE颁发的全媒体监督新闻奖。

## 发挥民间力量，整合新冠肺炎疫情数据

案例名：《新冠肺炎疫情数据追踪计划》（“The COVID Tracking Project”）

媒　体：《大西洋月刊》（2020年3月7日）

作　者：Alexis Madrigal、Erin Kissane、Robinson Meyer、Jeff Hammerbacher

2020年新冠肺炎疫情期间，《大西洋月刊》推出了《新冠肺炎疫情数据追踪计划》。这个计划最开始由两个记者发起，后来有100多个志愿者加入，专门从各地收集和整合数据，向公众与学者提供高质量的信息。（见图9.5）

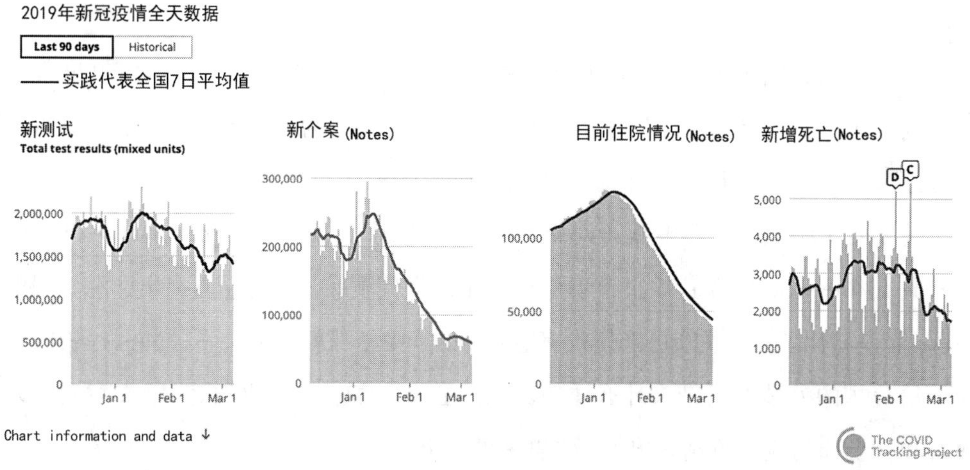


图9.5　新冠肺炎疫情数据追踪计划（局部）

因为美国各州各自为政，美国的疾病控制中心（Centers for Disease Control，简称CDC）和联邦政府不像中国的疾病预防控制中心和中央政府有那么大的主导地

位，它们给出的数据也不一定是最快或是最准确的，有时候还得去各州的政府网站查最新的信息。如果要看美国最新的数据，也没有一个单一的、官方的平台可以查阅。但是有很多像《大西洋月刊》这样比较权威的媒体在做一些统计工作。因此，类似《新冠肺炎疫情数据追踪计划》这样的数据库在美国很有价值。

通过研究数据，《大西洋月刊》的记者发现了一个问题，为什么在美国南部，年轻人感染甚至去世的概率远远高于北部呢？比如在北部华盛顿州的死亡患者中，只有6%的人在40—59岁，但到了南部路易斯安那州，这个数字上升到了22%。

当然，记者也说了，因为疫情还在发展，所以数据是不完全的。但是对比其他国家的数据也会发现，美国南部的这个问题有一定的特殊性。中国武汉的数据表明，年龄在30—59岁的患者，死亡率只有0.5%。同样年龄组的死亡率，美国路易斯安那州的数字是武汉的4倍。

提出了问题之后，记者就开始采访专家，查阅各种调查报告，探讨可能的原因。比如美国南部的肥胖率、心肺疾病、高血压等疾病的患病率都要高于北部。其中也有政策和社会不公的问题。南部各州相比北部各州要更贫穷，而且南部有很多少数族裔居住，政府在医疗上的投入也更少。对比一下各州人均医疗资源投入，可以看出南方各州几乎都是排名靠后，如南部各州人均医生数量排名靠后。还有一个原因，南方的监狱人口占总人口的比重也高于北部。路易斯安那州的一个监狱当时就暴发了疫情。

总而言之，美国南方的年轻人新冠肺炎死亡率更高，暴露出美国医疗制度甚至社会制度上的很多不平等。记者由此总结说，南方将成为美国疫情的新战场，再加上南方医疗应对能力更弱，扭转局势的时间所剩不多了。

《大西洋月刊》的《冠状病毒对南方的独特威胁》（“The Coronavirus's Unique Threat to the South”）这篇报道不是直接帮民众问责政府，或者说提出已经出现的问题，而是指出了一个民众可能还没有意识到的问题，那就是社会不公和医疗资源不均会给美国的疫情发展带来什么样的影响。在南方疫情愈演愈烈之时，文章对未来政府和社会如何应对疫情指出了一些思考的方向。

## 媒体档案

ProPublica 成立于2007年，是一家总部设立在纽约市的独立非营利调查性新闻报道机构，它坚持做严肃、有深度的调查性新闻报道，也一直走在数据新闻的前沿。在2010年，它获得了它的首个普利策新闻奖，也成为首次获得普利策新闻奖的两家网络媒体之一，其后至2016年又两度获得普利策新闻奖。ProPublica的使命是“运用新闻调查的道德力量，揭露政府、商界和其他机构中滥用权力和背叛公众信任的情况”。

Scott Klein带领的新闻工具开发小组积极开发各种新媒体平台应用，进行了大量以数据为依据的新闻报道和新闻工具的开发。其中影响力较大的报道包括揭露私人医生与药品公司之间秘密交易的《医生收受的美元：医药行业如何影响你的医生》、加利福尼亚州州立医院护士掩盖违纪行为的系列报道“When Caregivers Harm”，以及反映非营利性组织税收情况的数据库“Nonprofit Explorer”等。

这些报道历时较长，数据处理的工作量大，数据新闻记者们经常借助不同的工具做自动化分析，并开源了许多内部工具。他们的Github主页是https://github.com/propublica，主页上有一个数据博客，会介绍许多项目背后的制作方法。

ProPublica共享在Github上的比较有名的一个作品就是“ProPublica's Nerd Guide”，它指明了做好一个新闻应用的基本原则，如数据核实的重要性、编码与结构设计的注意事项等。

在2010年《数据新闻手册》的采访中，ProPublica数据新闻团队的带头人Scott Klein就说到，他们的团队使用修正版的敏捷方法论来构建新闻应用，快速迭代并将初稿展示给编辑部内的其他人员，他们的团队和记者密切配合，记者会阅读他们的草稿。除写代码外，他们的数据新闻记者/编辑还给信源打电话，收集信息，提升专业技能，他们工作时更像记者而非传统程序员。因此，他们的数据新闻作品和团队在业界树立了极大的威信、产生了很大的影响力。

## 数据百科

1.世界卫生组织

http://apps.who.int/gho/data/node.home

提供194个成员国超过1000个指数的统计数据。这些指数用于追踪各国的各项可持续发展目标（Sustainable Development Goals）进度。

2.疾病预防控制中心

https://www.cdc.gov/DataStatistics/

https: //wonder.cdc.gov/

提供各种疾病以及相关公共健康卫生指数的统计数据。WONDER在线数据库提供接口下载较大或者特殊的数据集。

## 延伸阅读

1.病例之外：信息可视化对于提升个人及公共健康水平的贡献

https: //cloud.tencent.com/developer/article/1134639

2.弦图的制作

http: //blog.csdn.net/lzhlzz/article/details/38299899

3.超赞的14个交互式数据可视化网站

https: //cloud.tencent.com/developer/article/1133082

## 思考题

1.为什么说数据新闻可以帮助人们及时应对公共卫生事件？

2.交互图的特点是什么？能否通过一个案例进行说明？

3.我们通常见到的数据新闻作品都是一次性的，推出之后就不再更新，持久保持更新的数据新闻作品有哪些优势和挑战？

# Chapter 10
# 第十章　绿色环保

- 用色块展示空气污染的严重程度
- 用静态图文也可以讲故事
- 在地图上展现能源开采的负面后果
- 媒体档案

当雾霾出现在中国许多城市时，人们不仅用“伸手不见五指”这样形象的语言来形容污染，还会频繁地使用数据——今天的PM 2.5值是多少？空气污染指数是多少？属于哪个级别？这些数字不仅成为老百姓理解环境问题的工具，也是数据新闻报道中的重要内容。

近些年来，环境问题越来越受到大众和媒体的关注。工业迅速发展的同时也污染和破坏了生态环境，带来的问题包括臭氧层空洞、空气污染、水污染、土壤污染、海洋过度开采、气候变化等，环境保护变得刻不容缓。以数据的形式讨论绿色环保相关话题，一方面有助于民众更方便、更科学地理解环境问题，另一方面也往往具有冲击人心的力量，让人印象深刻。

## 用色块展示空气污染的严重程度

案例名：《10城天空颜色：2000—2011》（“Sky Color of 10 Chinese Cities: 2000-2011”）
媒　体：作者个人博客（2011年4月22日）
作　者：陈晓霁

如何一目了然地展示空气污染的严重程度？数字虽然精确，但色彩更为直观。每天早晨醒来拉开窗帘，你马上就可以从天空的颜色中判断出这是一个昏黄的重度污染日，还是一个碧蓝的空气质量优良日。

从2013年1月开始，北京市民邹毅开始拍摄“北京·一目了然”系列作品。方法很简单：每天对准同一个场景拍摄一张照片，年底将这365张照片拼起来，就成了一目了然的组图：蓝天占多少、雾霾天占多少，非常直观。（见图10.1）

如果将这张组图进一步抽象化，改用一个色块代表一天，而不是用一张照片，就可以得到一张更为简洁的数据可视化作品。而这正是设计师陈晓霁作品《10城天空颜色：2000—2011》的创作思路。（见图10.2）

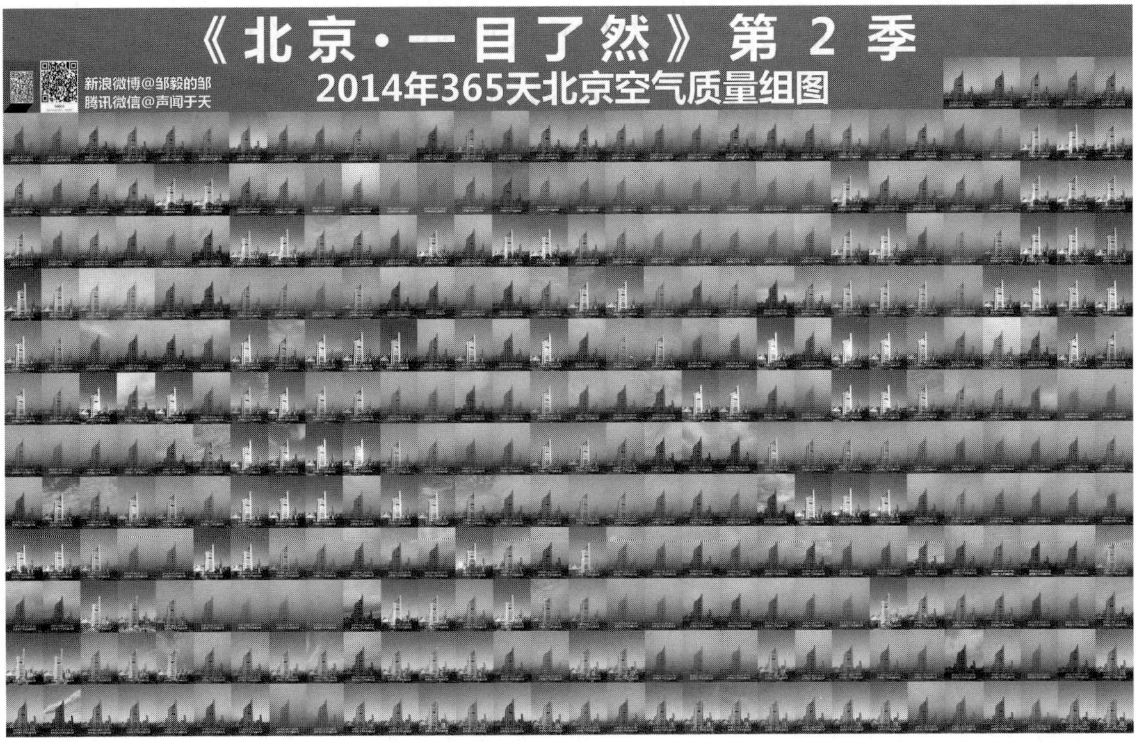


图10.1　用照片拼成的“北京·一目了然”

在这个作品中，设计师选取了10个城市，从环保部获得了它们的空气污染指数，并将指数转化为颜色，图例在最上方。对于每一个城市，设计师展示了首尾相接的12个圆圈，从里到外分别代表2000—2011年的12年。从中可以很直观地看出一些规律：冬天的污染最严重；北方城市的春天也不太好过，可能是因为沙尘暴；太原的空气质量改善了不少；北京2008年奥运会前后的空气状况很不错……

此外，通过这10个城市的对比，我们也可以很直观地看到它们的区别：广州、昆明、拉萨的空气不错，北京、太原、乌鲁木齐的情况比较糟糕。

这个作品的呈现形式是将时间轴转化成圆圈。其优势在于：可以让各年的同一个月份、季节聚集在一起，直观地看出季节性的规律。但这种呈现方式也有缺陷：由于从里到外，圆圈的半径逐渐增大，色块的大小也随之增大，使得代表2011年某一天的色块要远远大于代表2000年某一天的色块，容易让人产生误解。

当然，任何一种可视化的形式都有优势和劣势，最重要的是选择合适的呈现方式，使其最好地展现自己希望传达的核心内容。

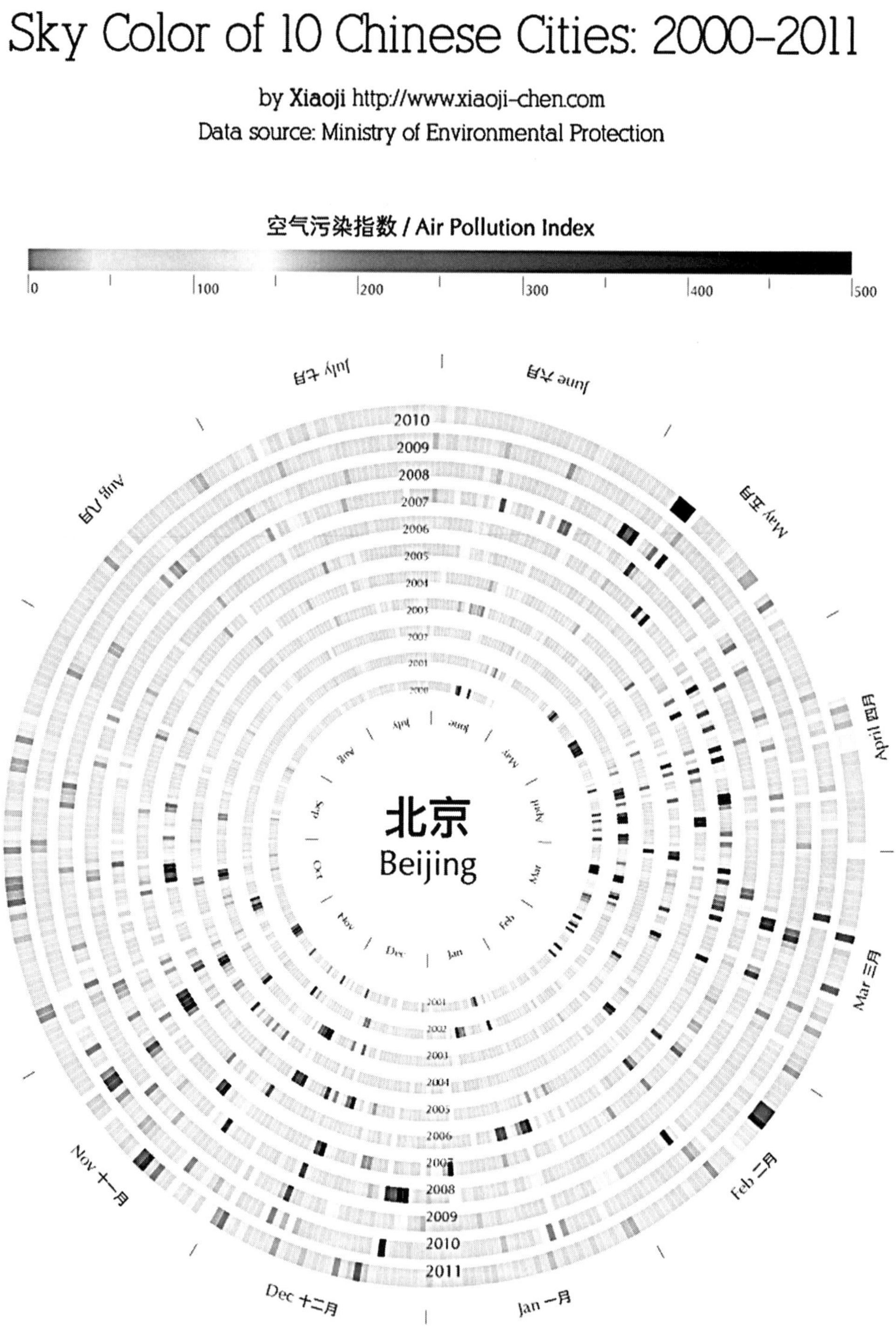


图10.2 中国十城天空颜色

## 在地图上展现能源开采的负面后果

案例名：《宾夕法尼亚州的页岩气开采》（“Shale Play: Natural Gas Drilling in Pennsylvania”）

媒　体：美国国家公共广播电台

美国国家公共广播电台（NPR）虽然以制作广播节目为主，但它在自己的网站和手机应用中推出的数据新闻报道并不落后。2011年，它推出了“State Impact”系列，尝试进行数据化和多媒体报道。这一系列报道立足于美国的6个州（佛罗里达、印第安纳、俄亥俄、宾夕法尼亚、得克萨斯、俄克拉何马），分别关注这些州的教育、能源和经济状况。

在关于宾夕法尼亚州的报道中，NPR重点报道了该州天然气钻井开发中的违规现象。近些年，宾夕法尼亚州有8000多个处于活跃开采状态的钻井，其中相当一部分都存在违规现象，在2009年至2015年产生了超过4000起罚款，款项高达600万美元。（参见附录：图X-1）

NPR的这则数据可视化作品，就是要将这8000多个钻井及违规开采情况展现出来。作品的主体部分是一个嵌入的地图，可以拖动和放大/缩小。在图上，钻井的地理位置用小圆点标示出来，蓝色为没有违规的钻井，黄色为存在至少一次违规的钻井。这幅地图是用最简单的Mapbox和OpenStreeMap制作出来的。

在地图的上方有四个选项，代表着查看这些钻井资料的四种不同方式。点击第一个选项“Operator”可以看到违规最严重的几家运营公司；点击第二个选项“Counties”可以以郡县为单位来查看数据；点击第三个选项“Municipalities”可以以市为单位来查看数据，这两种方式都可以拉近作品和读者的距离——作为关注地方的报道，这则作品希望宾夕法尼亚州本地居民可以查询自己所在的郡县或市有多少钻井正在工作，又有多少有违规情况；点击第四个选项“Violations”，可以看到所有违规钻井的分布情况，以及可以搜索自2009年起的详细违规描述和细节。

此外，读者还可以详细查看某个钻井的情况。在地图上点击任意一个小圆点，会出现其编号和基本信息。点击编号，则可以进入其详情页面。例如，编号为“Tome

8522H”的钻井2009年以来违规超过了16起。值得一提的是，NPR在详情页面上设置了留言功能，鼓励当地居民提供关于该钻井的情况。

这则作品的数据来源于美国国家环境保护局——该部门负责给宾夕法尼亚州境内的油气开发颁发执照和进行监管。到2015年为止，环保局每年会公布两次钻井数据，而一条新的法律则要求每月公布和更新这些数据。

**名词解释**

卫星地图(Satellite Map)：搭载在人造卫星上的摄影设备拍摄的地球或其他星球的地图影像。常被用于和自然地表、地貌、地形相关的可视化作品。

案例名：《土地流失》（“Losing Ground”）
媒　体：ProPublica（2014年12月8日）
作　者：Al Shaw、Brian Jacobs

我们将视线转向美国南部的路易斯安那州。在那里进行的近海石油和天然气开采，造成了大量土地的流失。同时，海洋生物和上百万居民的原居地也受到极大的负面影响。

由ProPublica创作的这则数据新闻作品，分别用绘制地图和卫星地图的方式来显示1922年和2014年的土地对比。在地图上，方块高亮出关键地区，点击可进行放大，从中可以看到每个区域中土地流失、被水淹没的情况，右侧是详细报道。左侧地图上方还有时间轴，拖动可以很明显地看出土地面积在急剧减少。这种邀请读者进行探索的交互方式也是一种常见的做法，可以给读者留下更加深刻的印象。（参见附录：图X-2）

**名词解释**

地图分辨率：衡量地图质量的重要标准。分辨率越高的地图，越能够支持放大呈现局部细节。可视化作品中选择合适的分辨率很重要，但不必一味追求不必要的高分辨率。

比起宾夕法尼亚州的钻井地图，这则报道中使用的地图精度更高，呈现的细节更多，因此需要有更高分辨率的影像支持。为了获得这样的影像，团队用气球和风筝绑着照相机从空中拍摄地貌。在一篇经验总结文章中，作者说，如果重新做这次报道，他们或许会考虑使用稍微贵一些、内置了GPS的摄像机，这样就可以节省后期处理时间了。

值得一提的是，关于这个主题，ProPublica一共做了8个地区的长篇报道，通过图片、音频等多媒体形式呈现。作品中的卫星地图图片由哥伦比亚大学新闻学院Tow Center提供，读者打开页面后它并不会一次性加载所有图片，而是点击后服务器收到请求才能打开更多图片。

这则报道推出后获得了不少奖项，包括Society for News Design的“最佳数字设计竞赛”之专题报道奖、爱德华·默罗奖、Gannett创新和监督新闻奖等。之所以引发广泛好评不仅因为它在技术和设计上出色，也因为其话题具有监督报道的属性。

## 用静态图文也可以讲故事

案例名：《“晴天洪水”的剧增》（“A Sharp Increase In ‘Sunny Day’ Flooding”）

媒　体：《纽约时报》（2016年9月3日）

作　者：Jonathan Corum

在动态、交互型数据新闻作品成为潮流的时候，《纽约时报》的《“晴天洪水”的剧增》这则静态作品反倒获得了让人眼前一亮的效果。这则作品向我们证明：用静态图文也可以讲出简洁有力的故事。

这则作品讲述的是全球变暖和海平面升高对大西洋和海湾地区造成的洪涝灾害。更多信息可以在作品配套的长篇报道《全球变暖已经开始导致海岸洪灾》（“Flooding of Coast, Caused by Global Warming, Has Already Begun”）中找到。作品的主体部分是美国东海岸线的轮廓，从最北的缅因州到最南的佛罗里达州，读者可以通过上下滚动页面的方式依次查看。沿海的主要受灾城市都用小圆圈标注出来，从橘色到红色，显示受灾的程度。（参见附录：图X–3）

在海岸线地图右侧，是重点城市的水灾天数的直方图，上面叠加的折线图是平均海岸线上涨幅度，间接穿插一些受灾的图片。从这些图表中可以非常直观地看出，1975年以来全球变暖导致了明显的海岸线上升和自然灾害增多。

这则作品的背景是美国国家海洋和大气治理署的一篇学术分析。作者从复杂的学术分析中，将重点信息提取出来呈现给读者。从技术上来说，这则作品并不复杂，比起动态交互作品来说甚至显得过于“朴素”。但这也正是这则作品的优点所在：简洁、清晰、不累赘。在静态图文足以传达信息的时候，是否一定需要加上炫目的交互效果呢？这则作品给我们的答案是否定的。

当然，动态交互作品也有自己的用武之地。《纽约时报》的另一则作品《2015年你的城市有多热》（“How Much Warmer Was Your City in 2015”）采用的就是交互的呈现方式。这则作品收集了全球超过3000个城市气温和降水量的历史数据，并将之与2015年的实际数据进行对比——红色（黑白图显示为深灰色）为2015年数据，灰色（黑白图显示为浅灰色）为历史数据的正常范围。用户可以自行输入感兴趣的城市名称进行搜索，例如北京的查询结果显示：2015年的平均气温比正常水平高了1.9摄氏度（见图10.3）。这种可视化的气温变化图并非近年来的新创，其实，它可以追溯到1979年的《纽约时报》。当年1月7日发行的报纸上，有一张版式非常类似的图表，它记录了1978年纽约市的气温和降水情况，并将其与历史数据进行了对比。这个案例再次表明：数据新闻的历史可以向前追溯，今天的作品不少都有着历史的渊源。

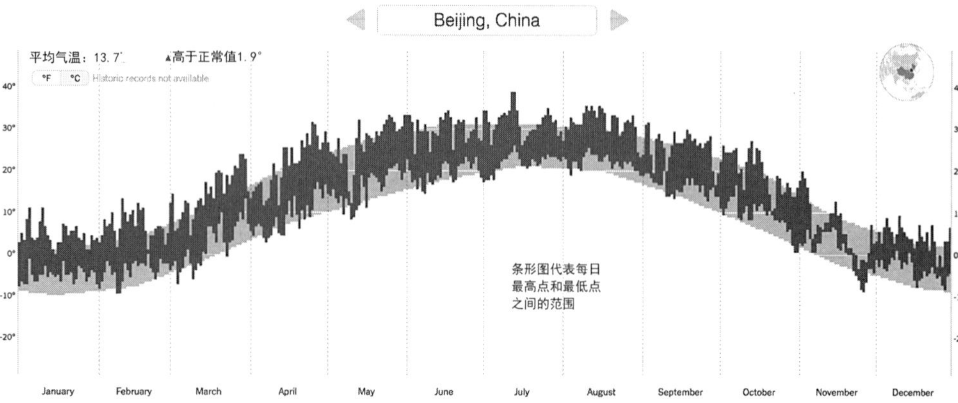


图10.3　2015年北京的气温和历史数据的对比

---

案例名：《墨西哥湾漏油事故5年之后的生态状况》（“The Gulf's Health: 5 Years After BP Spill”）

媒　体：美联社（2015年4月17日）

作　者：Philip Holm、Maureen Linke、Youyou Zhou、Seth Borenstein、Cain Burdeau

---

美联社的这则关于英国石油公司（BP）墨西哥湾漏油事故生态影响的数据新闻报道同样是用静态图文清晰地讲述了一个故事。2010年，BP在墨西哥湾外发生外海

油污外漏事件，从4月20日到7月15日共泄漏了约320万桶石油（每桶石油约159升），覆盖了至少2500平方公里的海面，造成严重的生态环境危害。

5年后的2015年，美联社用数据展示了这次事故的生态危害。这则作品以一个非常简单直观的页面，简要呈现了对26位海洋学家调查采访的结果。海洋学家被邀请给生态系统的不同环节打分，0分为最差，100分为最好。总的来说，漏油事件5年之后，整体的生态环境恢复要比预想中快一些，但比起泄漏前还是下降了11个百分点。这表明，漏油事件造成的生态破坏短期内很难复原。（见图10.4）

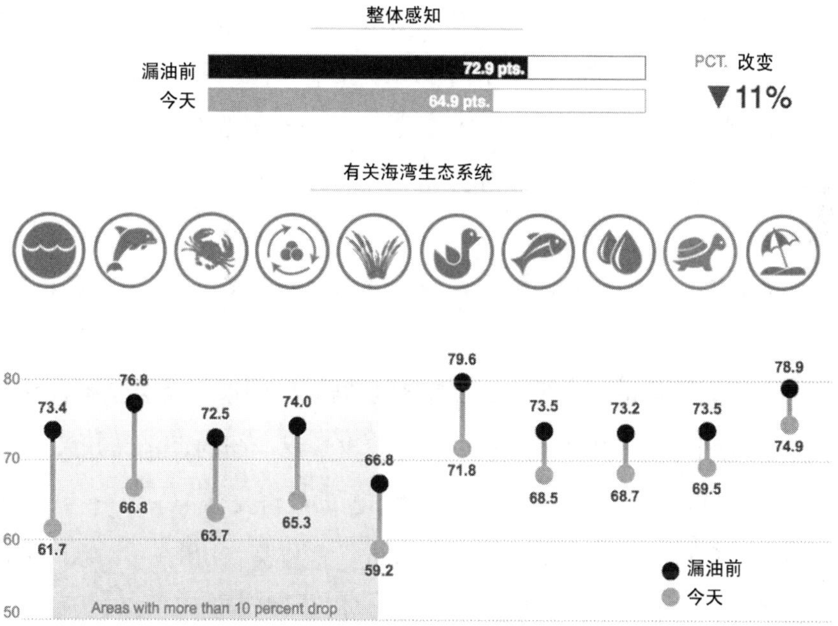


图10.4 10个类别的图标和差值图

作品显示了生态系统中10个类别的图标，这10个类别分别是海底环境、哺乳动物、甲壳动物、食物链、沼泽、鸟类、鱼类、水质、龟和海滩。一张差值图显示出前5种受到的影响最为严重。

当读者继续向下滚动页面的时候就会发现，页面上10个类别的图标变成了顶部的固定导航栏，方便用户在不同类别之间切换跳转，这种设计巧妙而自然。在各类别的详情页中，每张横向点图上的圆圈显示每位科学家的评分，白底黑字的圆圈为平均分。

**名词解释**

图标（Icon）：广义上指所有有指示作用的标志，在数据新闻中，图标直观、简洁，常用来表意，既节省空间，又活跃可视化效果。

这则作品在移动端的表现也不错。在手机等移动设备上打开时，差值图自动从横向切换为纵向，方便用户垂直式阅读。

## 媒体档案

美国国家公共广播电台（National Public Radio，简称NPR），是美国国内收听率最高的广播电台，在世界范围内也有不小的知名度。NPR的每一个分电台都为当地听众提供本地化的新闻，NPR在纽约的分支为WNYC，华盛顿分支为WAMU，芝加哥分支为WBEZ。

虽然NPR以广播业务为主，但它的网站新闻、手机应用也做得很不错，在数据新闻领域也毫不逊色。它的视觉团队（News App Team）由摄影师、程序员和设计师组成，这个团队开源了几个为数据新闻团队服务的工具：Carebot①，一个运用手机有效分析新闻数据的平台；Elex②，一款从美联社API自动抓取大选数据的命令运行工具；Pym.JS③，一款嵌入响应式iframe的JavaScript库。

NPR的官方Github主页：https：//github.com/nprapps，比较有名的团队成员有Brian Boyer、Matt Stiles，经常在各种数据新闻记者大会上看到他们及其团队的身影。

在2011年，NPR成立了StateImpact项目组，旨在以数据化和多媒体的方式报道美国各州的政策性新闻，其中比较有名的有宾夕法尼亚州的页岩气开采“Natural Gas Drilling in Pennsylvania”、新罕布什尔州的经济复苏“Getting by, Getting Ahead, Voices of the New Hampshire Economy”等作品。NPR在移动新闻端也做了不少尝试，NPR One就是其在移动端做的广播应用，可以根据用户的个人偏好和收听习惯进行定制化服务。

## 数据百科

1.青悦开放环境数据中心

http：//data.epmap.org/

① Carebot, http：//thecarebot.github.io/metrics.

② Elex, http：//elex.readthedocs.io/en/stable.

③ Pym.js, http：//blog.apps.npr.org/pym.js.

2.中外对话

https: //www.chinadialogue.net/

## 延伸阅读

1.信息共享时代如何让数据服务于环境治理

http: //scholar.pku.edu.cn/sqchen/news/chen-song-xi-xin-xi-gong-xiang-shi-dai-ru-he-rang-shu-ju-fu-wu-yu-huan-jing-zhi-li

2.互联网为监测全球污染转移提供了可能

https: //www.chinadialogue.net/article/show/single/ch/7870--Blue-Sky-app-to-get-China-s-public-thinking-about-solutions-to-pollution-crisis

## 思考题

1.通过邀请民众报告污染情况的方式获取数据，可以应用于什么样的案例中？这种数据收集方式的优势和挑战分别是什么？

2.如果用图片和数字展示污染，那么它们各自的优势和劣势是什么？

3.为什么说在动态、交互图风靡的时代，静态图依然有其存在的空间和优势？

# Chapter 11
# 第十一章　人工智能

- 用机器学习做调查报道
- 新闻推荐背后的机器学习
- 可以聊天的新闻机器人

随着科技的发展，人工智能（Artificial Intelligence）已经成为热门技术。在数据新闻领域，人工智能的应用主要有两个方面，一是对极大规模的数据进行分析，让机器去完成人不可能完成的工作；二是让新闻作品以更个性化的方式抵达读者。

在本章当中，我们将会分别介绍这两方面的案例。

## 用机器学习做调查报道

在数据新闻报道中，尤其是调查类的数据新闻，有时候需要处理大量的数据。如果单单靠人力，也许要花上几十年甚至更长的时间才能处理完。但是有了人工智能技术，分析大规模的数据就成为可能。

案例名：《医生与性侵》（“Doctors & Sex Abuse”）
媒　体：《亚特兰大宪法报》（2016年7月6日）
作　者：Ariel Hart、Danny Robbins、Carrie Teegardin、Jeff Ernsthausen、Ryon Horne、Richard Watkins、Lois Norder

美国佐治亚州的《亚特兰大宪法报》调查团队在名为《医生和性侵》的报道中关注了一个特殊的群体——那些曾对患者进行性侵的医生。这篇报道揭露了美国医疗界的一个严重问题：医生利用自己的身份对患者进行性侵，却没有受到应有的惩罚，他们中的许多人仍然可以留在自己的工作岗位上继续行医，而他们的病人对此却一无所知。

这篇报道源于《亚特兰大宪法报》记者 Danny Robbins 查阅的佐治亚州医学委员会（Medical Board）记录的 2015 年医疗犯罪案例。美国各州的医学委员会是州内的医疗监管机构，负责医生执业牌照的发放和管理、调查医疗事故，如果医生有违法行为，他们就会对其进行惩处。

从这些处罚令中，记者发现了 70 条和性侵有关的记录。令记者感到惊奇的是，在佐治亚州，有性侵的医生中，三分之二可以继续持有行医执照，其中包括有重复性犯罪记录的医生。

调查团队想知道，这仅仅是佐治亚州的个例，还是全美存在的普遍现象。于是，他们开始向各州的医疗监管机构索要历年与医生性侵相关的统计资料，希望从中获取更多的线索和证据。

但是并没有机构能够提供现成的统计数据，他们只能获得各州医疗委员会开出的处罚令。那么，各州每年到底有多少起医生性侵的案例？这些案例中有多少医生被吊销了执照？又有多少医生没有被吊销执照？想要回答这些问题，记者只能查阅所有处罚令后，自己进行统计。

《亚特兰大宪法报》的数据新闻团队通过网络爬虫从各州医疗委员会的网站上收集了100 000份左右的处罚令文档。人工读完所有文档，无疑是一个浩大的工程。于是调查团队使用了监督式机器学习的方法，从已经确定的性侵处罚令中训练出一套模型，应用在新的处罚令上。

在人工监督下的机器学习中，那些已经被确认和性侵有关的处罚令被当成“训练数据”，计算机会根据相应算法自动提取训练数据的特征（例如，性侵处罚令中出现的每个词语都会被赋予不同的概率权重，一个关键词在训练集中出现得越频繁，它的概率权重就越高）。也就是说，机器可以“学习”到那些和性侵相关的处罚令有哪些内在特质。

**名词解释**

机器学习（Machine Learning）：人工智能的一个分支，指设计和分析一些让计算机可以自动“学习”的算法。机器学习算法是一类从数据自动分析中获得规律，并利用规律对未知数据进行预测的算法。

训练完成后，再将新的处罚令输入计算机，计算机就会根据训练模型自动对其进行分类，再判断新的处罚令是否符合这些特征。如果特征明显（概率权重高的词语出现的次数多），就将其归为性侵案例；如果特征不明显（概率权重高的词语出现的次数少），就将其归为非性侵案例。

通过这样的方法，他们最终确认了6000份处罚令可能和性侵有关。之后，调查团队再通过人工比对的方法进行核实，排除掉那些重复的记录，并且确认在这些案例中医生到底受到了怎样的惩罚。

稍微计算一下就可以发现，机器学习方法的使用，让调查团队的工作量减少了94%！（从100 000份筛选到6000份）

在掌握了可靠的数据之后，调查团队又进行了一系列采访和追踪调查。该报道获得了2017年普利策新闻奖“国内新闻报道奖”（National Reporting）的最终提名。

案例名：《复制、粘贴、立法》（“Copy，paste，legislate”）
媒　体：《今日美国》（*USA Today*）、《亚利桑那共和报》（*The Arizona Republic*）与公共诚信中心（The Center for Public Integrity）

在美国，利益集团影响政策的一种主要的方式，就是游说议员，也就是立法者。在首都华盛顿活跃的说客们，就是代表利益集团去影响议员的立法建议和投票选择。而在各个州，州议会的议员们也深受游说者的影响。

举个例子，在田纳西州，一些议员提出了一项新的法案，允许那些收到了召回指令的二手车在没有真正被召回修理的情况下就出售。显然，这样的法案有利于二手车的销售，但可能会带来安全隐患。

对于田纳西州的记者来说，这样的法案当然值得调查。然而，在地方新闻业衰落的今天，已经很少有记者专门去盯着州议会了。

但是，如果一份遣词造句都几乎一致的法案同时出现在加利福尼亚州、伊利诺伊州、马里兰州、马萨诸塞州等11个州州议会里呢？那显然不会是巧合——这样的法案不会真的是由州议员们自己提出和撰写的，它很可能是极有财力的利益集团同时游说了11个州的结果。这就让这件事成了一个非常重要的报道话题：其幕后推手到底是谁？为什么要推出这样的法案？

记者们深入调查发现，原来，此项法案是由一个叫作Automotive Trade Association Executives的汽车行业协会撰写的。这个协会的成员是各地的汽车经销商。这个协会推动这项法案的目的，是为了最大限度地减少经销商需要承担的修理召回汽车的成本，为他们节省一大笔开支。

你可能已经发现了，在上面这则调查报道的案例中，最关键的一步是：发现有11个州的立法语言高度相似。

这正是《复制、粘贴、立法》这则数据新闻作品的核心：通过监控各州新通过的立法，用机器自动比对这些立法语言的相似性，迅速发现那些可疑的相似法案（见图11.1）。一旦有可疑的案例出现，就由记者跟进深入调查。

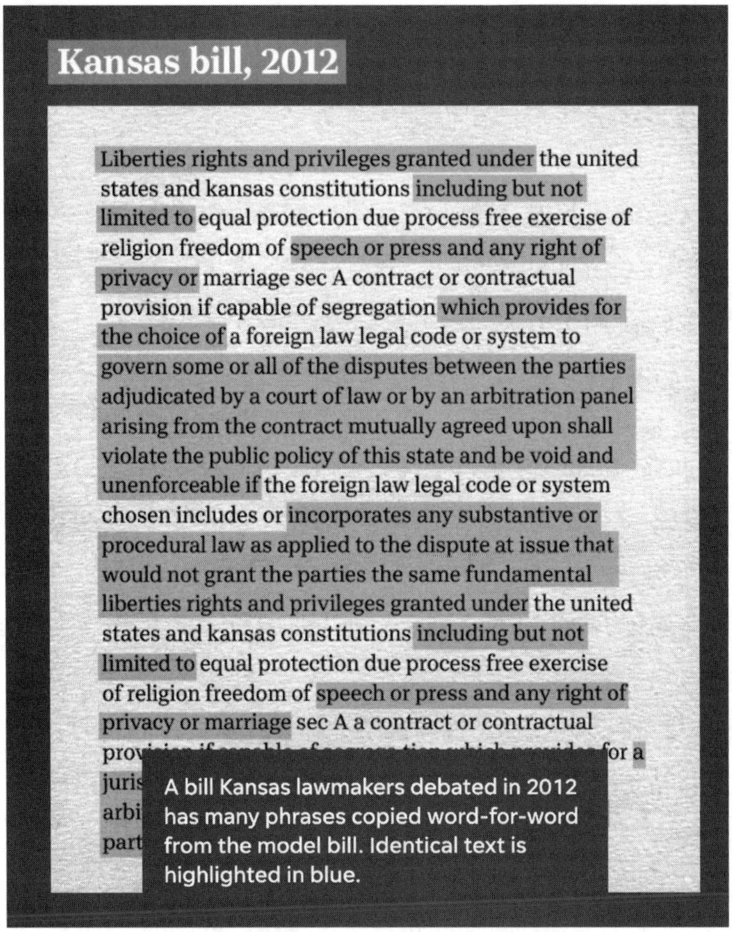


图11.1 机器会自动发现法案中语言的相似性

目前，这则作品已经监控比对了超过100万份州法案，发现了不少值得深挖的线索。在这些法案中，至少有10 000份是直接由势力强大的公司和游说团体撰写然后复制粘贴的。其中部分法案是一些州议员在完全不知道幕后推手的情况下支持通过的。

由于数据量巨大，这个团队使用了相当于150部计算机的计算能力，不停歇地运转了几个月之久。

值得一提的是，这则作品是多家媒体合作的产物。最初，《今日美国》和《亚利桑那共和报》合作启动了该项目，后来它们发现公共诚信中心也在做一个类似的项目，于是三家决定一起来做，最终完成了它。

当然，发现法案的相似性只是第一步，记者还需要深入调查才能揭示相似法案背后的利益集团影响。在这里，数据新闻的作用是利用机器的力量实现人类不可能完成的"大海捞针"工作，给人类的后续调查提供方向指引。从这个角度来说，这则作品也是一件优秀的人机合作案例。

案例名：《隐藏的间谍飞机》（"Hidden Spy Planes"）
媒　体：BuzzFeed News（2017年8月8日）
作　者：Peter Aldhous

很少人注意到，在美国领空上飞行的飞行器，除了有大量民航客机和私人飞机，还有许多执行政府监控任务的飞行器，它们或者来自美国军方，或者来自联邦执法机构。它们有一个共同特点，就是执行特殊任务，并且不希望被发现。

但是，网络媒体Buzzfeed News的记者通过机器学习的方法，发现了这些飞机的真身。

首先，记者找到了100架已经被确认是来自美国国土安全部或FBI的飞行器，另外又从 Flightradar24网站上随机选择了500架其他飞行器，并且获得了600架飞行器详细的飞行记录。

Flightradar24是一个提供航班实时信息的服务商，能够提供诸多飞机的具体记录，包括飞机的起落时间、飞行时长和飞行轨迹等。

记者将这些飞行记录当作训练数据训练出一个模型，再从Flightradar24网站上获取更多飞机的飞行记录进行试验，找出那些飞行特征和训练模型十分接近的飞行器。

通常，那些执行政府特殊任务的飞行器会被挂靠在一个虚假的公司下，以此来掩盖其真实的身份。Buzzfeed的记者循着这些飞机又找到它们所属的公司，再判断这些公司是属于美国军方还是政府机构。

Buzzfeed的文章《隐藏的间谍飞机》发出后再度引起美国人关于国家安全和个人隐私边界的讨论，这也是其意义所在。斯诺登在推特上转发这篇文章的时候评论道："难以置信，记者利用机器学习揭露了美国进行飞机监控的秘密。"

从以上三个案例中，我们可以发现，机器学习确实能够为调查报道提供更多的选择和可能性，无论是帮助记者寻找选题，还是简化调查过程中需要处理的庞杂的资料；无论是监督公权力，还是为弱势群体发声。

目前，机器学习最擅长的是在庞大的数据中寻找模式和规律。而这其实正是很多调查报道的核心所在。

当然，机器学习并不是一个万能工具。在使用它进行辅助报道之前先要理解它，知道什么样的选题或者问题适合用机器学习的方法来解决，以及在使用这种方法的时候，需要怎样的统计学和社会科学方法论。

## 新闻推荐背后的机器学习

在本书的导言中，我们将“数据新闻”定义为“以对数据进行收集、分析和展示为基础操作方法的新闻”。这一定义强调在新闻生产的流程中使用和数据相关的方法和技术。在前面10个章节中，我们分话题领域详细介绍了几十件数据新闻作品/产品，它们的制作过程都涉及收集数据、分析数据和展示数据。

实际上，和数据相关的方法和技术不仅可以应用于具体的新闻作品制作，还可以用于新闻制作完成之后的下一个步骤：抵达读者。

在传统媒体的流程中，“抵达读者”这一步其实非常简单，就是将统一印刷出来的报纸投递给读者，将制作好的电视节目传输到千家万户，所有人读到的报纸、看到的节目都是一样的。传统门户网站抵达读者的方式也不复杂：把网页内容放到服务器上，等着用户来访问就可以了。所有人浏览的页面、看到的头条新闻都是一样的。

然而在如今这个社交媒体和大数据时代，新兴的数字媒体已经改变了这种投递方式，每个人看到的内容都是个性化定制的。这种定制和很多因素相关：你的性别、年龄、社会地位、消费能力，你的GPS定位在哪里，你之前喜欢读哪些文章，对哪些内容不感兴趣，和你品味类似的人都读了什么……

机器能够做出这样的个性推荐，并不是因为它真的“懂”你，而是因为它拥有了大量数据：关于你的，关于其他用户的，以及关于新闻内容的。基于这些数据和开发者编写的算法，它就可以计算出什么样的内容更适合你。

在很多国家，这种个性化推荐的方式已经成为最重要的新闻创新之一。中国近几年大受追捧的“今日头条”新闻客户端就是其代表。在本章中，我们将对这方面的案例做简单介绍。虽然这并不是传统意义上的数据新闻内容，但它同样体现了数据在新闻行业中越来越重要的作用。

在新闻定制化的发展初期，读者需要先添加自己关注的话题，然后才能收到相关的推荐。然而随着技术的发展，越来越多媒体背后的技术人员利用数据挖掘和自然语言处理，将更贴近读者需求的新闻实时推送出去。

图11.2 《今日头条》的个人推荐页面

读者在新闻网站上的每一次点击、滑动、停留，都会创建自己的行为数据，新闻媒体对这些行为数据的分析、挖掘可以帮助它更好地理解用户，从而开发出更个性化的工具或是推荐相关新闻来满足用户的需求。比如，具有"病毒式"传播效应的网络媒体BuzzFeed在发现大量读者喜欢分享图片内容后，给每一张图片都加上了分享按钮，使得这些图片在社交媒体上被更迅速地转发。而《纽约时报》和《华盛顿邮报》则相继在2015年推出了自己新的推荐引擎。

2015年8月，《纽约时报》科技团队在其博客"Open"上，详细地解释了他们的下一代推荐引擎。在第一代推荐引擎中，他们使用的主要算法是以内容为基础的过滤机制（Content-based Filtering），他们将每篇文章的标题、作者、关键词等作为标签，对未读文章和读者30天内已经阅读的文章标签进行相似度计算，推荐高相似度的文章给读者。这个模型的缺陷在于，一些罕见的标签被赋予了过高的权重，虽然在大部分情况下，这种基于罕见标签匹配的推荐很有效，但编辑们仍然希望改进这种算法。他们随后尝试了一种基于相似读者阅读习惯的推荐Collaborative Filtering。但这种模型的缺陷也显而易见：新发布的文章如果在某个相似读者群中从未被阅读过，就不会被系统推荐。

所以在新系统中，编辑们混合了两者之长，用了新的模型——合作话题模型（Collaborative Topic Modeling，简称CTM），这个模型做到了以下几点：

·给文章内容建模；

·根据读者的阅读特征（如时间长短、浏览长度）调整模型；

·加入读者偏好的权重；

·基于读者的偏好和内容的相似度进行推荐。

在算法解释的简单示意图中，编辑们举例：在一个横坐标为政治话题相关度、纵坐标为艺术话题相关度的二维坐标系中，如果某读者在40%的时间里偏好阅读政治新闻，60%的时间里偏好阅读艺术新闻，那么作者就会被标记在红叉处，推荐系统会据此将红叉附近的文章首先推荐给该读者（见图11.3）。这是简化版的示例，多维话题空间是这个版本的延伸。在这个模型的基础上，编辑们着力解决三个问题：

· 如何给文本内容的文章建模；
· 如何基于读者的阅读习惯更新模型；
· 如何依据读者的阅读历史给读者分类。

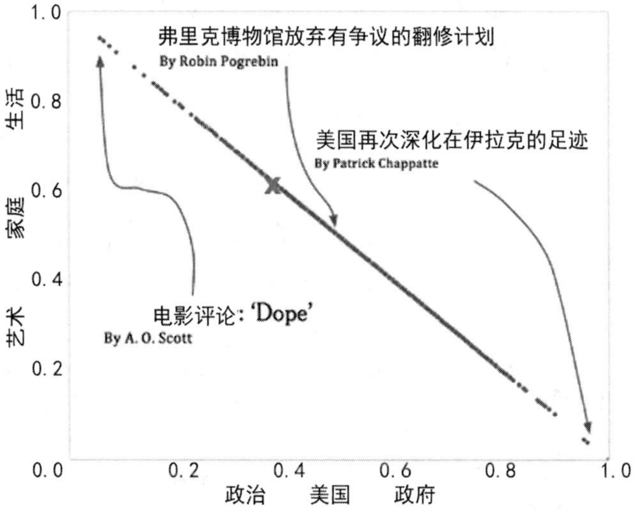


图11.3　《纽约时报》推荐引擎基于话题空间的推荐算法示意图

在解决文本内容建模问题上，他们采用了Latent Dirichlet Allocation（LDA）算法——将文章库中每篇文章的主题（topic）按照概率分布的形式给出。这对新闻文章相当有效，因为新闻网站通常有一些含义宽泛的主题，比如政治、中东、医保等，在LDA算法中，这些主题可以用一组有限的词语集来描述。考虑到用户的阅读习惯，编辑们采用了混合模型，随机挑选一组读者，作为机器学习的训练集，根据CTM算法不断调整读者偏好在主题模型中的权重。在依据阅读历史给读者分类时，照顾到读者因为错误点击和讨厌文章而产生的偏差，编辑们设置了10%的容错偏差，使得模型的抗干扰性更强。

《纽约时报》的这篇文章是新闻推荐算法的通俗版演绎，省去了很多技术细节的考量，不少新闻院校开设的数据新闻课程中有对这个话题更深层的挖掘，其中最有名的是美国哥伦比亚大学新闻学院Tow Center的课程“Computational Journalism”[①]，由Jonathan Stray讲授。

《纽约时报》的编辑们没有给出改进算法后网站流量和读者订阅的数字变化。而同样更新了网站个性化内容推荐模型的《华盛顿邮报》则在2015年4月宣布，它创下了单月流量的历史新高。网页访问量同比增长109%，独立浏览量增长65%。

《华盛顿邮报》的编辑们在NICAR大会上分享了他们的新推荐引擎Clavis（见图11.4）。Clavis也利用了机器学习原理，采用了比较简单的TF-IDF——一种常用的文本挖掘统计方法，分析新闻文章的关键词，做主题映射。Clavis也同样对读者进行了划分，对于没有登录的读者也可以根据网页浏览记录进行相对简单的内容推荐。数据编辑们也分享了他们是如何使用机器学习中的情感分析（Sentiment Analysis）来研究读者对新闻报道的反馈或是作者对特定话题的态度倾向的。

```
clavis:{keywords:"year;scent;Giorgio Armani suit;United Airlines;Flowerbomb
perfume;premium fragrance sale;marketing budget struggle;fragrance
commoditization;news;United States;lifestyle;cologne industry;NPD datum;Paris beauty-
product;industry report;America;firm;storefront;company;designer perfume;beauty industry
analyst;customer;smell sweeter;aroma;growth".split(";"),
topics:["Sex and Gender","Companies","Travel","Aerospace and Aviation","Markets"]

clavis:{keywords:"year;scent;Giorgio Armani suit;United Airlines;Flowerbomb
perfume;premium fragrance sale;marketing budget struggle;fragrance
commoditization;news;United States;lifestyle;cologne industry;NPD datum;Paris beauty-
product;industry report;America;firm;storefront;company;designer perfume;beauty industry
analyst;customer;smell sweeter;aroma;growth".split(";"),
topics:["Sex and Gender","Companies","Travel","Aerospace and Aviation","Markets"]

clavis:{keywords:"year;scent;Giorgio Armani suit;United Airlines;Flowerbomb
perfume;premium fragrance sale;marketing budget struggle;fragrance
commoditization;news;United States;lifestyle;cologne industry;NPD datum;Paris beauty-
product;industry report;America;firm;storefront;company;designer perfume;beauty industry
analyst;customer;smell sweeter;aroma;growth".split(";"),
topics:["Sex and Gender","Companies","Travel","Aerospace and Aviation","Markets"]

clavis:{keywords:"year;scent;Giorgio Armani suit;United Airlines;Flowerbomb
perfume;premium fragrance sale;marketing budget struggle;fragrance
commoditization;news;United States;lifestyle;cologne industry;NPD datum;Paris beauty-
product;industry report;America;firm;storefront;company;designer perfume;beauty industry
analyst;customer;smell sweeter;aroma;growth".split(";"),
topics:["Sex and Gender","Companies","Travel","Aerospace and Aviation","Markets"]
```

图11.4 《华盛顿邮报》的推荐引擎Clavis截图

Knight Lab在一篇评论Clavis的文章中也提到，许多中小型的新闻媒体没有这么多的人力物力打造自己的推荐系统，但是它们都逐渐认识到了一个良好的内容推荐系统在吸引用户方面的重要性，因此也会寻求第三方的解决方案，如Outbrain[②]或者

---

① 课程网站：http: //www.compjournalism.com; 相关的阅读推荐http: //jonathanstray.com/a-computational-journalism-reading-list。

② Outbrain, http: //www.outbrain.com.

Taboola[①]，以此帮助提高用户的参与度和点击量。

当然，新闻媒体在自己的网站平台上搭建的推荐系统相比Facebook的内容推荐系统来说，只能算是班门弄斧。Facebook的热门内容推荐在广度、速度上都比新闻网站高出了不少量级。然而，随着新技术而来的还有争议，在2016年5月Gizmodo的一篇报道中，记者声称Facebook在新闻内容推荐中有意打压保守派出版物的新闻，内部编辑人为夸大某些话题的重要性，强行将其注入用户的热门话题推荐中。

名词解释

文本挖掘（Text Mining）：计算机通过大量文本分析，挖掘出有用的信息，并对其进行类型识别、观点和感情分析等。

Facebook团队迅速回应了这篇指控，公开了内部28页的编辑指南，解释其编辑团队是如何在算法推荐之后进行人为筛选的。这份与美联社的新闻编辑工作指南（AP Stylebook）类似的文档，提出了新闻编辑在新媒体环境下的一些准则：

·核查新闻来源；

·识别并规避热门话题产生的噪声；

·选择合适的关键词；

·正确划分新闻的重要级别。

虽然不少观点认为人工智能算法无法摆脱本质的偏见问题，也不存在绝对完美的算法，但是Facebook所提倡的算法和人工编辑的混合方法，是非常值得传统媒体借鉴的宝贵经验（虽然Facebook在尝试减少人工编辑，但效果不佳：少了人工干预后，谣言类信息更容易冒出头来）。另外，算法的公开透明也是值得提倡的做法。

名词解释

聊天机器人（Chatbot）：可以模拟人类对话，直接和人类进行交谈的计算机程序。聊天机器人可以通过文字进行交流，也可以通过语音进行交流。

## 可以聊天的新闻机器人

搜索引擎的兴起，改变了读者的阅读习惯，读者不再黏附在一家媒体上，而是以搜索引擎为入口。随着社交网络对个人生活的一步步渗入，读者对新闻的消费方式也发生了更显著的变化。用户更多地通过社交媒体消费新闻，传统媒体的内容分发渠道也一再被社交网络的平台所限

① Taboola, https: //www.taboola.com.

制。不过另一方面，社交网络在科技手段上的革新，又给媒体提供了更多的机会。

案例名：脸书新闻机器人（Facebook News Bots）
媒　体：CNN、《华盛顿邮报》《华尔街日报》

2016年4月在Facebook的开发者大会F8上，Facebook宣布新产品Messenger平台上线，任何媒体都可以发布聊天机器人，用户在自己的聊天列表里添加机器人助手就可以接收新闻。CNN、《华盛顿邮报》《华尔街日报》是最早体验新闻机器人的几家媒体。（见图11.5）

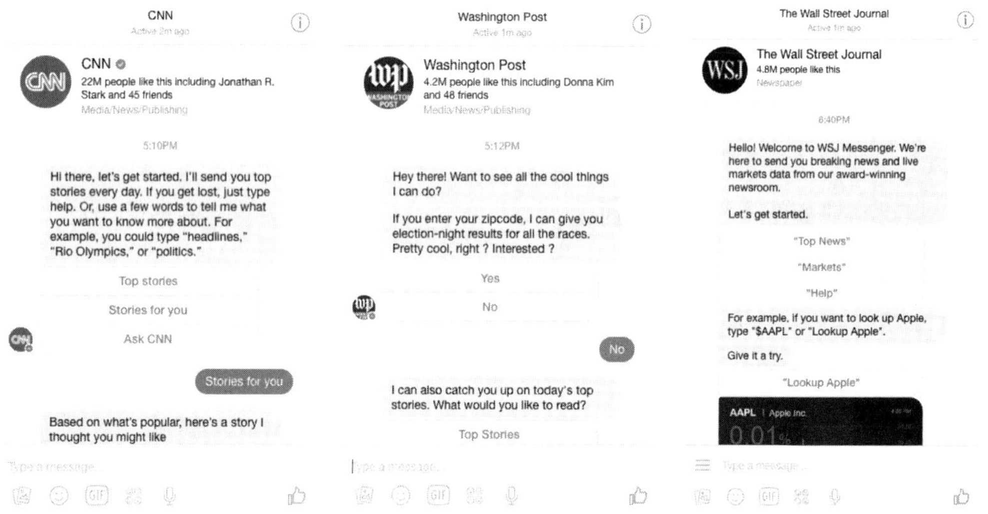


图11.5　Facebook上几家媒体的新闻机器人聊天助手页面

CNN的聊天机器人每天会发送一系列当天的头条新闻，每条新闻包含首页图、标题、摘要、链接，并且会根据用户的偏好选择合适的时间和相关的新闻进行推送。CNN首席产品官Alex Wellen在聊天机器人上线后的采访①中表示，他们希望聊天机器人能帮助他们吸引全球更多的读者，通过和第三方技术伙伴合作，给读者提供更个性化的新闻体验。在上线一个多月后，CNN发现他们的读者每天平均花费两分钟左右和机器人交谈，这些指标和反馈的收集将帮助他们改进自然语言分析能力、加强人工智

① 延伸阅读：One month in: what CNN has learned from Facebook Messenger bots，链接：http: //digiday.com/publishers/one-month-cnn-learned-facebook-messenger-bots。

能训练。

仔细看这三款新闻媒体的机器人聊天助手（图11.5），还是能看到一些细微的差别，比如《华盛顿邮报》刚开始就会给出一些推荐，但暂时不会主动推送。而《华尔街日报》让用户通过输入股票代码快速查询股票当前的价格、趋势和相关新闻，还可以比较某几只股票的趋势。

从4月上线到7月初，Facebook公布其平台上已经有一万多个聊天机器人，注册开发者数量也超过了两万人次。大部分上线的新闻媒体机器人都比较中规中矩，将Messenger视为另一个新闻发布的平台，但是BuzzFeed跳出了传统思维模式，将Messenger作为收集读者新闻的众包平台。

2004年，BuzzFeed开放实验室的负责人Amanda Hickman参加美国共和党全国代表大会时，突然发生了大规模的民众游行示威活动，新闻记者想要在现场采访，但是由于局势混乱，难以顾全大局，新闻中心无法收集足够的信息，这给她留下了深深的遗憾。在2016年的美国共和党全国代表大会召开之际，Hickman和她的同事们推出了自己的新闻机器人BuzzBot，邀请读者参与。如果读者正好在大会现场，或是亲身参与了游行示威活动，就可以把自己的情况以文字、照片、视频的形式传给BuzzBot。这种新颖的传播方式一方面减少了记者街头采访的工作量，一方面让更多读者的素材丰富了新闻本身。

Messenger上线仅仅三个月，各家媒体就及时地跟上，并推出了自己的应用，而除Facebook Messenger平台外，各家媒体也在其他聊天工具或是社交媒体平台上也推出了相应的版本。

聊天机器人不仅可以通过社交媒体对话框与读者交流，而且可以用语音对话的方式与读者交流。这方面走在前沿的是亚马逊的Alexa。

Alexa是人工智能语音系统的名字，它是看不见摸不着的软件。为了这款软件，亚马逊开发了一种音箱——Echo。Alexa就“住”在Echo里面，让它变成了一款可以对话并满足你需求的音箱。

因为是亚马逊开发的，所以它最初能实现的功能当然是指挥Alexa去亚马逊上面购物。你只要对着你的Echo音箱喊一声：“Alexa，我需要一箱卫生纸！”它就会为你下单了。此外，亚马逊还有一个在线音乐平台，所以你也可以点歌让Alexa给你播放，可以报具体的歌名，也可以泛泛地要求它播放爵士乐、轻柔的音乐、交响乐等。此外，Alexa还可以和智能家居关联在一起，你可以使唤它为你开灯关灯。

新闻也是Alexa的主打功能之一。早上起床后，喊一声“Alexa，给我播报一下今天的新闻”，然后就可以一边刷牙洗脸一边了解世界大事了。与一般的广播和播客相比，这个过程省去了解锁手机、打开App、点击播放的过程，在分秒必争的早晨颇为实用。

Alexa为新闻媒体提供了两种入驻方式。一种是在“Flash Briefings”（速读）中建立频道，每天的节目大约需要90秒，用户事先选择和排列好自己想听的速读频道，之后每天只要报出“速读”命令，Alexa就会依次播报这些频道的内容。这种模式非常简单方便，但是互动模式也有限，只是单向的播报而已。

另一种入驻方式相当于在Alexa中安装一个单独的程序（这在Alexa中被称为Skills），在这个程序中，媒体可以开发更多的互动方式。比如，《华盛顿邮报》建立了两个Skills，一个是有关奥运会的报道，用户可以直接和Alexa对话询问赛事情况；另一个是有关政治的报道，用户可以和Alexa进行一些政治方面的对话，比如问问某个总统候选人最近又出了什么新闻，现在谁的支持率领先（《华盛顿邮报》理所当然在这个平台上是先行者，因为亚马逊CEO贝索斯现在是《华盛顿邮报》的老板）。NPR Hourly News Summary是Alexa商店最受欢迎的新闻程序，BBC和CNN也推出了各自的Alexa插件。

目前这个平台的规模还不大，入驻的媒体也没有投入太多人力在上面。不过，这个平台的前景或许可期。随着人工智能技术的发展，通过语音对话的方式传递媒体内容，会有很多可能性。虽然聊天机器人的人工智能程度还有待提高，但它为传统媒体更好地与读者发生连接打开了一条新思路。

从2022年年底开始，人工智能机构Open AI相继推出的Chat GPT和GPT 4引发了全球关注。

## 数据百科

1.ProPublica Data Store

ProPublica提供的一些新闻数据是免费的，也提供收费的高质量数据，API接口很友好。

在新闻实践中，记者经常需要核查新闻消息源或者历史新闻数据，ProPublica和《纽约时报》都提供了相关的数据接口。

2.The New York Times Developer Network

《纽约时报》是最早提供开发者API的媒体之一，提供新闻内容、影评、书评等十多类搜索接口。

3.Amazon AWS Public Datasets

随着数据新闻的大数据发展趋势，记者们对各种大规模公开数据的需求也越来越大，这是亚马逊提供的各种大规模数据集合。

https: //aws.amazon.com/public-datasets/.

4.Awesome Public Datasets

各种公开数据集锦。

https: //github.com/caesar0301/awesome-public-datasets.

5.Corpora

提供各种文本数据，便于创建各种硬件、软件平台上的bot，以英语为主。

https: //github.com/dariusk/corpora.

## 延伸阅读

1.算法也有价值观

http: //www.infzm.com/content/122069.

2.机器人与传媒业的未来

https: //zhuanlan.zhihu.com/p/24689469.

## 思考题

1.为什么说在新闻生产中人机合作是更为理想的状态?

2.你使用哪些新闻资讯类客户端？按照兴趣推荐的客户端为何会广受欢迎？它在分发新闻时有哪些优势和劣势?

3.为什么说用机器人来分发新闻时，也需要强调伦理和守则，机器不是客观中立的吗?

4.试用一款聊天机器人，看看它能做什么，局限性在哪里。

# Chapter 12
# 第十二章　总结反思

- 全军覆没的美国大选预测
- 反思之一：数据来源可信吗？
- 反思之二：数据分析方式恰当吗？
- 反思之三：数据呈现方式会产生误导吗？
- 反思之四：数据一定是最好的报道方式吗？

2016年11月的美国总统大选结果出乎很多人的意料：此前无任何从政经历的房地产商人唐纳德·特朗普（Donald Trump）击败前美国国务卿希拉里·克林顿（Hillary Clinton），当选新一届美国总统。

特朗普的胜出，令美国和世界震惊，也让很多人从各种角度展开反思。对于从事数据新闻的人来说，这次美国总统大选也是一个非常重要的节点，提供了一个最好的反思案例。

## 全军覆没的美国大选预测

本书第四章曾经提到著名的数据分析预测网站FiveThirtyEight。2008年美国大选期间，FiveThirtyEight的创始人Nate Silver 成功预测了50个州中49个州的投票结果。2010年，他和他的网站正式加入《纽约时报》。在2012年的大选中，他成功预测了所有50个州的投票结果。2013年7月，他带着网站离开《纽约时报》，加入ESPN，继续做更广义的数据新闻：政治、体育、娱乐、生活等方面。在2016年的大选中，他的预测是大家最关注、最常引用的。

投票日之前，FiveThirtyEight将最终的预测定格在：希拉里有71%的可能性获胜。《纽约时报》数据专栏给出的预测则是：希拉里的胜率在85%左右。实际上，如图12.1所示，从2016年6月份开始，希拉里的胜率一直领先于特朗普。根据这些数字，我们从媒体上听到的言论大多是，希拉里获胜应该没什么悬念，就看最后能赢多少了。

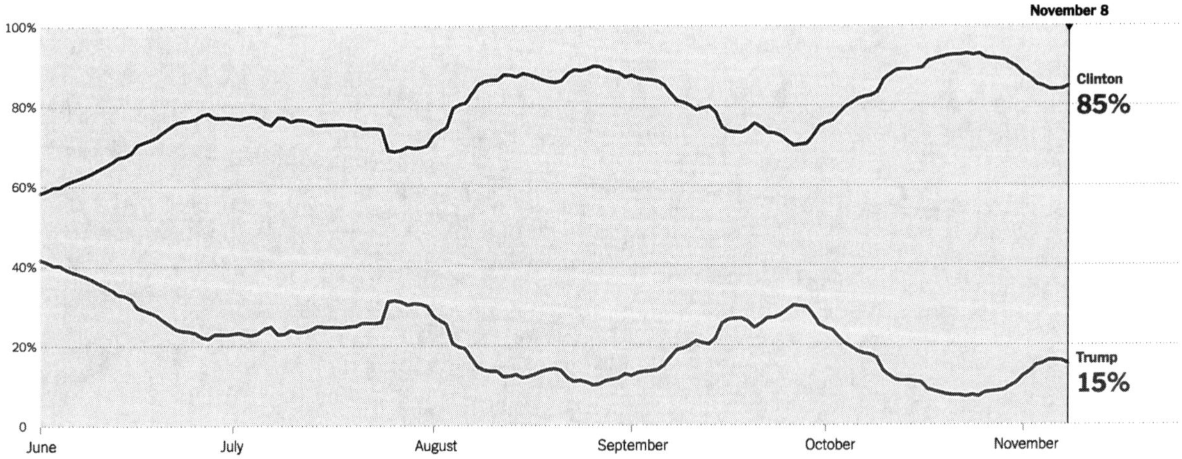


图12.1 《纽约时报》数据专栏的大选胜率预测（2016年6月—11月）

然而，最终的结果却令人们大跌眼镜——虽然希拉里赢得了总票数（popular vote），但是在美国的“选举人团”（electoral college）制度下，胜利的是特朗普，而且他在选举人票上的优势还不小。各家媒体和机构的预测可谓全军覆没。

其实，就连共和党乃至特朗普团队可能都没有预料到这样的结果。共和党策略专家Mike Murphy说：“我的水晶球碎成了原子。今夜，数据死了。”

数据真的死了吗？这样的说法未免过于夸张。但是，如果不借此机会进行反思，数据新闻的确会面临巨大的信任危机。以下，我们以本次大选预测为例，讨论数据新闻在操作过程中值得反思总结的方方面面。

## 反思之一：数据来源可信吗？

回答大选预测为什么会出错的问题，要从两个方面入手：民意调查和分析模型。包括FiveThirtyEight在内的各家机构在预测时，并不是凭空猜测，而是依赖民意调查机构发布的数据，用自己的模型进行分析，得出预测结果。所以，民调数据错了或者分析模型错了，都会带来谬误。

先说民调。在宾夕法尼亚州，民调数据显示希拉里胜3.7个点，结果却是特朗普胜1.2个点，差了4.9个点，并且胜负完全翻盘。

民调为什么会错？最常见的解释就是：有很多支持特朗普的人，在接受民调时不好意思说出真实想法（术语叫作“social desirability bias”），但是在投票时会投给特朗普。

此外，《经济学人》的一篇文章[①]分析了跟族群有关的两个原因。其一，教育水平较低的白人投票热情比民调机构预想的要高涨得多。弗吉尼亚、科罗拉多等白人受教育水平较高的州，误差不大。而误差巨大的那些州，基本都有很多没有大学文凭的白人。民调机构本来预计这些人的投票结果是特朗普会胜出30个点，但是出口民调显示特朗普在这些人中胜出了39个点。出口民调是民调机构在投票现场针对刚投完票的选民做的调查，其数据也不一定完全可靠，原因是有的群体会拒绝接受出口民调。这9个点的差距可能是特朗普在这些摇摆州翻盘的关键所在。

其二，由于有些族群难以被民意调查机构联系到（比如西班牙裔，可能因为经济

---

① D R. How did the polls get it wrong? [EB/OL]. (2016-11-9) [2021-09-30]. https://www.economist.com/the-economist-explains/2016/11/09/how-did-the-polls-get-it-wrong.

状况等，电话使用率较低，而民调基本上都是通过电话进行），而有些群体特别容易被联系到（比如老年白人女性，几乎是一来电话就接），所以民调机构会对各群体的回答进行加权。这就会带来问题：有的群体能联系到的样本可能非常少，这样误差就很大，再经过加权放大就更大了；有的群体投票意愿比民调机构预计的要低，比如这次黑人对希拉里的支持就明显不如对奥巴马的。

也就是说，关于大选结果预测的数据新闻，依赖的其实都是存在误差乃至错误的数据。如果数据来源存在问题，那么接下来的分析和呈现也很难将其扳回正确的轨道。

这并不是数据新闻中的罕见现象。其实，比起其他数据来源，民调数据的可靠性已经是比较高的。民意调查界对于如何提高民调结果的准确性有着长期的研究和反复的讨论，在这样的情况下尚且会出现严重的问题，何况那些并没有经过科学讨论、收集过程严谨性更低的数据来源。因此，在进行数据新闻操作时，有必要对数据来源进行再三考察，对数据中可能存在的问题有着清醒的认识，并如实地向读者报告。

## 反思之二：数据分析方式恰当吗？

上文提到，分析大选预测错误的原因，可以从民意调查和分析模型这两个方面入手。其实，各家媒体和预测机构所依赖的民调数据大致是相同的，都是那几家民调机构。各家在预测时会给出不同的结果，各自的核心竞争力就是自己的统计分析模型，也即如何在民调数据基础上做出最可靠的分析。

这次大选预测中，模型的表现也普遍不佳。普林斯顿大学统计学教授Sam Wang在大选之后的总结文章[①]中就说：他错误估计了相关误差（correlated error），而且差了五倍。因为这个错误，他的模型得出的结果是：希拉里将有99%的概率获胜。在所有机构的预测中，普林斯顿的最极端，也错得最离谱，就是源于这样一个参数的估计错误。

相较而言，FiveThirtyEight的Nate Silver开发的模型是效果最好的。他可谓是抓了一手烂牌（存在严重问题的民调数据），但其凭借精湛的牌技，没有输得太惨——预测希拉里胜率为71%，这是各家之中对希拉里的赢面最不确定的一个。

---

① WANG S. Looking ahead [EB/OL]. (2016-11-9) [2021-09-30] .https://election.princeton.edu/2016/11/09/aftermath/.

在一般的数据新闻作品中，当然用不到开发统计模型做预测这样高级的技能，但大部分作品都会涉及对数据的分析和加工，将数据从信源那里拿来直接就用的情况非常少见。这时，我们就应该特别注意：对数据进行分析的方式是否恰当？是否在该做加法的地方做了减法？是否在该计算人均数的时候，使用了总量？是否在该计算中位数的情况下，误用了平均数？

数据是可以通过各种分析方式扭曲的。利用不同的分析方式，同样的数据可能会得出非常不同的结论。本书开头也曾提到，只要你对数据进行“严刑拷打”，它总会“说出”你想要的结论。所以，在操作数据新闻时，我们要慎重选择分析方式，不要让错误的方法逼迫正确的数据得出错误的结论。同时，数据分析方式应尽量透明，让读者可以知道自己是怎样进行分析的。

## 反思之三：数据呈现方式会产生误导吗？

即便拥有了正确可靠的数字来源、科学恰当的分析方式，数据新闻依然可能走向歧途：对错误呈现方式的依赖。

仍以本次美国大选的预测为例。其实，从事民意调查和数据分析的业内人士都知道：所有的选前预测都是不准确的，极有可能出现偏误。但是，绝大部分数据新闻报道，都没有对这种不确定性给予足够多的呈现，而是让读者误以为选举预测是一个神奇的“水晶球”，可以准确描绘现实。

出现这种现象的原因，要归结到大选报道的模式。在美国，对大选报道的研究早已指出：笼统而言，报道有两种框架（frame）：

一种是政策框架（issue frame），即关注候选人的政策主张，预测其上任之后的具体政策，讨论其对社会带来的影响。

另一种是赛马框架（horserace frame），即关注候选人之间的名次竞争，看今天谁领先了，明天是否又被超过了，把竞选描绘成一场赛马比赛，并不关注候选人究竟提出了什么政策。

在商业媒体环境下，后一种框架较为常见。原因很简单：赛马新闻好卖，读者愿意看。但是，赛马框架缺乏营养，对于选民做出更好的决策毫无帮助。

自然，赛马框架需要依赖民调数据和结果预测，且倾向于将预测描绘成确定无疑的“赛况”。当赛马框架遇上错误的民调数据和糟糕的分析模型，就是我们看到的2016年美国大选报道：所有媒体都误以为希拉里会赢，读者也在很大程度上被误导了。

而且，民调数据显示希拉里会赢，而这正好符合了很多媒体从业者的期待，再加上可能对民调统计方面的专业知识不够了解，因此他们放弃了对民调数据的追问和质疑，而是欣然接受，将之放大到赛马框架的报道中，导致谬误。

大选之后，在美国舆论研究学会（AAPOR）的邮件组中，一些人讨论了这个问题。有人举例说：有些媒体喜欢用“候选人××民调领先两个百分点”这样的标题，但在专业人士看来，这样的标题毫无意义，因为两个百分点的差距很小，而且民调数据存在误差，所以正确的标题应该是“两位候选人不相上下”，这说明记者对民调数据的解读是有偏差的。另一个人则回应说：也不要只怪记者，民调机构在发布新闻通稿的时候，可能用的就是“领先两个百分点”这样的表述，因为这些机构想吸引媒体的关注，扩大曝光度。

此外，对赛马框架进行可视化的呈现，可以让这种报道模式变得更加有力。当一些数据新闻从业者费尽心思呈现出非常美观、有趣的赛马式报道时，他们其实很可能带来副作用，放大这一框架的误导性。

美国大选报道的这一案例告诉我们：对数据的呈现方式要多加思量，尤其是要对数据中的不确定性、误差等给予足够的关注，以免给读者留下错误的印象。

## 反思之四：数据一定是最好的报道方式吗？

在这本书中，我们始终在强调数据新闻的优势。但是，在这本书的结尾，我们想提醒各位读者：有时候，数据并不一定是最好的报道方式。

在美国大选报道中，近几年刮起了一股数据风潮。一批年轻的政治记者，极力推崇以数据为基础、以科学分析为方法的报道路径。他们将大部分时间都花在计算机前面而不是实地采访，更重视数据来源而非信源线人，更多时候都在处理数据而非构思故事，写出来的文章以数据的准确而非文笔的优美取胜。

这种报道路径，挑战的是传统政治报道的方式：跟着候选人的竞选活动，实地采访，跟普通选民谈话聊天，写有趣的故事，请专家提供解读。

“我并不是要反对实地采访，跟政客和选民们聊天，”在FiveThirtyEight工作的Harry Enten曾说，“但在有民调数据的时候，你偏要去看大家院子里插的是哪个候选人的竞选标志的话……”

他在这里说的“院子里的候选人竞选标志”指的是2012年《华尔街日报》在大选日前几天发布的一篇有些可笑的文章。作者说，对于选举结果，“没人知道会怎样，所有人都只是在猜测”。作者的猜测是，罗姆尼会击败奥巴马，因为“几个星期前我在佛罗里达州居民的院子里看到了罗姆尼的竞选标志，而不是奥巴马的”。

对于相信数据的记者来说，这篇文章简直就是天方夜谭。当时距离投票日仅有几天，各方民调数据已经相当清晰，完全不是“没人知道会怎样”。而通过看院子里的候选人竞选标志来判断大选结果，无异于“夜观天象，掐指一算”。

这批新一代记者要挑战和改变的，正是这种以街谈巷议、道听途说的故事、随意的猜测、不严谨的论证支撑起来的传统报道。

但是，2016年的美国大选，却给这种依赖数据的新报道模式一记沉重的打击。人们发现，即便民调结果非常一致，选举结果也真的是“没有人知道会怎样”。那些号称准确、严谨的数据，在现实面前崩溃了。

记者们开始疯狂地寻找特朗普获胜的原因。他们发现，中西部地区的农村白人是改变选举结果的关键力量，而他们的声音在很多媒体中都被忽略了。

所以，大选结束后，有人开玩笑说：接下来，美国媒体将深入开展走基层活动。也就是说，大家发现，比起在计算机前玩数据，更有效的报道可能还是传统的面对面采访。

《哥伦比亚新闻评论》的一篇文章说，今天的记者成长路径越来越一致：出身常春藤学校，加入高端俱乐部，参加上流晚宴，这让他们很难听到底层的声音，尤其是当这些声音和自己从小听到的声音不一致的时候。大选次日，《纽约时报》的Jim Rutenberg撰文说：很显然，新闻业中有什么东西在根子上出问题了，那就是，媒体没能抓住人们的反建制情绪。这种情绪在纽约和华盛顿是很难找到的，需要深入基层去倾听和理解。

这个故事告诉我们：再科学、严谨的数据新闻，也无法取代深入实地的调查走访。这是因为，数据真的不是带有魔法的水晶球，它能呈现的只是部分的、带有偏差的事实，离揭示“真相”更是有着巨大的距离。

未来的新闻报道，数据新闻应该越来越多地和传统报道方式相结合，二者各自发挥优势。实际上，在美国大选结束后的反思中，人们之所以会发现中西部农村地区白人的声音被遗忘，也正是基于对投票数据的分析。这说明，在合适的地方，在其他报道方式的配合下，数据的力量可以得到最充分的发挥。

愿各位读者从本书介绍的案例中吸取经验，也从最后一章的反思中获得对数据、事实、真相的思考。我们期待看到大家制作出更多更好的数据新闻案例，通过严谨的分析和透明的呈现，避开数据中可能存在的误区；配合其他报道方式，增进我们对这个世界的了解。

## 思考题

1.你从2016年美国大选的预测失误中吸取了哪些关于数据新闻的经验教训？

2.为什么说未来的新闻报道应该更多是数据新闻和传统报道相结合的方式？

3.我们可以通过哪些方式来避免数据新闻中可能存在的误区？

# 附 录

参考图例

**图书在版编目(CIP)数据**

数据新闻 / 方可成,卜书剑著. -- 北京 : 中国传媒大学出版社, 2023.8
ISBN 978-7-5657-3131-0

Ⅰ. ①数… Ⅱ. ①方… ②卜… Ⅲ. ①数据处理—应用—新闻学—教材 Ⅳ. ①G210.7

中国版本图书馆 CIP 数据核字(2021)第 274315 号

**数据新闻**
SHUJU XINWEN

**著　　者**　方可成　卜书剑
**责任编辑**　曾婧娴　裴向敏　沈刘红
**封面设计**　拓美设计
**责任印制**　李志鹏

**出版发行**　中国传媒大学出版社
**社　　址**　北京市朝阳区定福庄东街 1 号　　**邮　　编**　100024
**电　　话**　86-10-65450528　65450532　　**传　　真**　65779405
**网　　址**　http://cucp.cuc.edu.cn
**经　　销**　全国新华书店

**印　　刷**　唐山玺诚印务有限公司
**开　　本**　787mm×1092mm　1/16
**印　　张**　12.5
**字　　数**　210 千字
**版　　次**　2023 年 8 月第 1 版
**印　　次**　2023 年 8 月第 1 次印刷

**书　　号**　ISBN 978-7-5657-3131-0/G · 3131　　**定　　价**　48.00 元

**本社法律顾问:北京嘉润律师事务所　郭建平**